跟大師
學創造力
7

$E = mc^2$

愛因斯坦
相對論
+
21個
科學練習

傑若米‧波倫 Jerome Pohlen 著　周宜芳 譯

Albert Einstein
and Relativity for Kids
His Life and Ideas with 21 Activities and Thought Experiments

謹將本書獻給我的父親——喬瑟夫·波倫，
是他帶我領略科學的無窮樂趣。

目 錄
C O N T E N T S

總導讀

鄭國威（泛科知識 知識長）

身為一介投身科學知識傳播與教育領域的文科生，我一直在找尋兩個問題的答案。第一個問題是，要怎樣讓比較適合文科的孩子不要放棄對理科的好奇心與興趣？第二個問題是，要怎樣讓適合理科的孩子未來能夠不要掉入「專業的詛咒」。

選擇理科或文科，通常不是學生自己由衷的選擇，而是為了避免嘮叨跟麻煩，由環境因素與外人角力出的一條最小阻力路徑。孩子對知識與世界的嚮往原本就跨界，哪管大人硬分出來的文科或理科？更何況，過往覺得有效率、犧牲程度可接受的集體教育方針，早被這個加速時代反噬。當人工智慧加上大數據，正在代理人類的記憶與決策，而手機以及各種物聯網裝置，正在成為我們肢體的延伸，「深度學習」怎麼會只是機器的事，我們人類更需要「深度的學習力」來應對更快速變化的未來。

根據國際學生能力評量計（PISA，Programme for International Student Assessment），臺灣學生雖然數理學科知識排名前列，但卻缺乏敘理、論證、思辯能力，閱讀素養普遍不足。這樣的偏食發展，導致文科理科隔閡更遠，大大影響了跨領域合作能力。

文科理科繼續隔離的危害，全世界都看見了，課綱也才需要一改再改。但這樣就能解決開頭問的兩個問題嗎？我發現的確有解法，而且非常簡單，那就是「讀寫科學史」，先讓孩子進入故事脈絡，體驗科學知識與關鍵人物開展時到底在想什麼，接著鼓勵孩子用自己的話來回答「如果是你，你會怎麼做？」「如果情況變了，你認為當時的 XXX 會怎麼做？」等問題，來學習寫作與表達能力。

閱讀是 Input，寫作是 Output，孩子是否真的厲害，還得看他寫了什麼。炙手可熱的 STEAM 教育，如今也已經演變成了「STREAM」——其中的 R 指的就是閱讀與寫作能力（Reading & wRiting）。讓偏向文科的孩子多讀科學人物及科學史，追根溯源，才能真正體會其趣味，讓偏向理科的孩子多讀科學人物及科學史，更能加強閱讀與文字能力，不至於未來徒有專業而不曉溝通。

市面上科學家的故事版本眾多，各有優點。仔細閱讀過這系列，發現作者早就想到我尋覓許久才找到的解法。不僅故事與人物鋪陳有血有肉，資料詳實卻不壓迫，也精心設計了隨手就可以體驗書中人物生活與創造歷程的實驗活動，非常貼心。這套書並不只給孩子，我相信也適合每個還有好奇心的大人。

大事紀年表

1876	8 月 8 日，愛因斯坦的雙親——赫曼‧愛因斯坦與寶琳‧科赫結婚
1879	3 月 14 日，愛因斯坦出生在德國烏爾姆市
1881	11 月 18 日，妹妹瑪麗亞‧愛因斯坦（瑪雅）出生
1887	邁克生─莫雷實驗失敗，無法證明「以太」的存在
1894	愛因斯坦全家搬到義大利
1895-1896	愛因斯坦就讀阿勞市的中學
1896-1900	愛因斯坦就讀蘇黎士理工學院
1902	1 月，第一個女兒麗澤爾‧愛因斯坦在奧匈帝國的諾維薩德出生 6 月 23 日，愛因基坦開始到瑞士專利局上班 10 月 10 日，父親赫曼‧愛因斯坦在米蘭逝世
1903	1 月 6 日，愛因斯坦與第一任妻子米列娃‧馬利奇在伯恩市結婚
1904	5 月 14 日，第一個兒子漢斯‧亞伯特‧愛因斯坦在伯恩市出生
1905	愛因斯坦的「奇蹟之年」，發表「狹義相對論」
1909	愛因斯坦在蘇黎士大學任職副教授
1910	7 月 28 日，第二個兒子愛德華‧愛因斯坦在蘇黎士出生
1911	愛因斯坦舉家搬到布拉格，任教於日耳曼大學 第一屆索爾維會議在比利時布魯塞爾舉行
1912	愛因斯坦全家回到蘇黎士，他接受蘇黎士理工學院的教職
1914	愛因斯坦全家搬到德國柏林； 米列娃與兒子漢斯、愛德華回到瑞士；第一次世界大戰爆發
1915	愛因斯坦向普魯士皇家科學院提交「廣義相對論」
1916	廣義相對論發表於《物理年鑑》
1918	11 月 11 日，簽訂停戰協議，第一次世界大戰落幕

1919　2月14日，愛因斯坦與米列娃離婚
　　　5月29日，日食證實廣義相對論
　　　6月2日，愛因斯坦與艾爾莎·洛文塔爾在柏林結婚
　　　愛因斯坦收養艾爾莎的女兒伊爾絲和瑪歌
　　　11月6日，天文學家戴森宣布艾丁頓的發現

1920　2月20日，母親寶琳·愛因斯坦逝世

1922　愛因斯坦獲頒諾貝爾物理學獎

1933　希特勒成為德國的統治者，此時愛因斯坦在美國

1936　12月20日，第二任妻子艾爾莎·愛因斯坦在普林斯頓逝世

1939　8月2日，愛因斯坦寫了一封信給小羅斯福總統，
　　　鼓勵美國研發原子彈（1940年3月7日又寫了另一封信）
　　　9月1日，德國入侵波蘭，第二次世界大戰爆發

1940　10月1日，愛因斯坦成為美國公民

1941　12月7日，日本轟炸珍珠港；第二天，美國參加第二次世界大戰

1945　5月7日，德國向同盟國投降
　　　8月6日和9日，美國分別在日本的廣島和長崎投下原子彈
　　　8月15日，日本投降，第二次世界大戰結束

1946　愛因斯坦出任原子科學家緊急委員會主席

1948　8月4日，第一任妻子米列娃·馬利奇·愛因斯坦在蘇黎士逝世

1951　6月25日，自1948年起因中風而癱瘓的妹妹瑪雅在普林斯頓逝世

1952　愛因斯坦婉拒以色列總統職位

1955　4月18日，愛因斯坦在美國紐澤西州普林斯頓市逝世

1965　10月25日，第二個兒子愛德華·愛因斯坦在蘇黎士逝世

1973　7月26日，第一個兒子漢斯·愛因斯坦在美國麻州逝世

謝辭

本書寫作計畫的緣起,要從多年前道格拉斯郡一群長年薪資微薄的教師們開始說起,他們激發我對科學和數學的熱愛,其中包括史帝芬·威廉斯、迪克·萊特、喬丁·巴托羅、道格·季斯勒、安·麥克納提、凱瑟琳·吉爾伯特、馬帝·鮑文、馬爾坎·霍德、約翰·穆斯和黛比·瓦茲沃斯;還有北科羅拉多大學科學前瞻研究院相關的夥伴們——比爾·柯赫、瑪麗·貝絲·安德斯、保羅·華瑞、瑪麗·路·惠森納、菲爾·葛雷克勒和保羅·萊特賽。

非常感謝幫助我修潤書稿的審閱者——簧·岡薩雷茲、麗莎·里爾登和湯姆·佛斯。謝謝芝加哥評論出版社為本書的問世而努力的每個人——蜜雪兒·舒伯、莫妮卡·巴祖克、傑利里·亨德特、愛莉森·費路斯、約翰·韓和凱特琳·艾克,謝謝你們的辛勞付出。其中,我要特別感謝辛西雅·薛里,她長期擔任我的編輯,支持我寫作超過十年之久。任何作者打著燈籠都找不到比她更好的編輯。

最後,特別感謝吉姆·佛洛斯特,以及我的雙親喬瑟夫與芭芭拉·波倫,謝謝你們長期以來的支持與愛!

給讀者的話：在頭腦裡做實驗

想像一下，如果你走著走著撞上了牆，這樣會痛嗎？沒錯，當然會痛！不過，這件事需要你親自去撞牆，才能知道嗎？對聰明的你來說顯然並不需要，你不必真的去撞牆也能推論得出來。因為你知道磚牆很硬，還知道鼻子被東西打到會痛。所以，如果你的鼻子撞到了非常堅硬的牆，那肯定會很痛。

恭喜你！你剛剛完成了一場「想像實驗」。知名物理學家愛因斯坦正是以運用想像實驗，建構他的理論、向別人解釋他的想法而聞名於世。舉例來說，他會想像一列火車以接近光速行駛（現實生活中的火車可沒辦法跑那麼快），或是想像一部電梯從摩天大樓高速墜落或穿梭於外太空之中，然後思考火車和電梯裡的乘客會經歷哪些事。

本書將邀請你一起來做些想像實驗，好讓你更深入了解愛因斯坦的理論。當你閱讀書中有「大腦圖案」標記的段落，就代表需要你發揮想像力，一起動動腦。

請閱讀本書中每個想像實驗的描述，並在繼續往下讀之前，先嘗試回答實驗下方的問題。這些想像實驗幾乎都源自於愛因斯坦的構想，所以，這正是你與天才較量才智的大好機會。準備好了嗎？讓我們一同進入愛因斯坦的世界！

「想像力比知識更重要。因為知識是有限的，而想像力能裝得下整個世界。」──愛因斯坦

專利局時期的愛因斯坦。
照片來源：© Corbis

導論

地點是瑞士伯恩火車站附近的郵政與電報大樓。愛因斯坦窩在三樓，他在筆記本上塗塗寫寫。「只要有人靠近，我就會趕緊把筆記本塞進書桌抽屜裡，假裝正在辦公。」他後來坦承：「一整天的工作，我兩、三個小時就可以做完。剩下大半天的時間，我都用來想自己要想的東西。」

愛因斯坦都在想些什麼呢？從原子的大小到宇宙的結構，可以說是無所不包。幾年前，當他剛從大學物理系畢業時，沒有任何一家公司願意僱用他。愛因斯坦曾當過代課教師和家教，但光靠這些工作，實在難以維持生計。後來，他靠朋友父親的幫忙，才終於得到一份瑞士專利局的工作。

上班時，只要沒人注意愛因斯坦，他就會開始寫東西。等下了班、回到家後，他寫得更多。他會和他的妻子米列娃（一位才華洋溢的數學家）、一些朋友及同事互相交流想法，不過他終究是一輛單馬車，一個獨行者。而這輛單馬車，光是靠著他天賦異稟的心智力量，就足以帶著物理學馳騁進現代，甚至奔騰到更遠的未來。

愛因斯坦（前
排右三）與小學
同班同學的合照。
照片裡只有兩個孩子微
笑，而他是其中一個。
照片來源：Courtesy of the Leo Baeck
Institute, New York (F 5308E)

Chapter 1

一個好奇又
獨立的孩子

「我沒有特殊的天賦，我只有旺盛的好奇心。」——愛因斯坦

「太胖了！」第一次看到孫子，潔蒂奶奶這麼說。「太胖了！」她又說了一次。但是，寶寶的母親寶琳並不擔心寶寶太胖，倒是覺得他的頭看起來有點怪異。他的頭太大，後腦勺突出的形狀也很滑稽。這樣正常嗎？

這是她的第一個孩子，會覺得憂心也是理所當然。所幸，醫生告訴她，小寶寶好得很。當時的她還渾然不知的是，有一天，在這個小寶寶的碩大腦袋裡，將會冒出這麼多聰明的想法！

赫曼與寶琳

愛因斯坦在烏爾姆市的出生地。它曾在二次世界大戰盟軍轟炸期間遭到摧毀。照片來源：Hebrew University of Jerusalem, Albert Einstein Archives, courtesy AIP Emilio Segre Visual Archives

亞伯特・愛因斯坦（後文皆簡稱愛因斯坦）出生於 1879 年 3 月 14 日星期五。他的父親赫曼・愛因斯坦與母親寶琳・愛因斯坦住在德國烏爾姆市鐵路車站街 20 號。就像當時大部分孩子一樣，愛因斯坦是在家裡出生。

愛因斯坦在愛因斯坦夫婦結婚兩年半之後報到。寶琳原姓科赫，是一位富有穀物商的女兒，在家中四個孩子裡排行老么。她嫁給大她十一歲的赫曼時，只有十八歲。1876 年 8 月 8 日，他們在寶琳成長的康斯塔鎮成婚。婚後，布豪村是他們定居的第一個地方。

雖然猶太人在德國定居已經將近一千五百年，但一直要到 1860 年代，猶太人才獲准取得完整的德國公民身分。在那之前，猶太人在德國不能擔任某些工作，也無法擁有房地產。如同愛因斯坦夫婦一樣，大部分猶太人住在鄉村，然而隨著德國的改變，猶太人也逐漸移居到城市尋找新機會。赫曼和寶琳在結婚一年後，搬到位於多瑙河岸的烏爾姆市。這是一座街道蜿蜒的中世紀古城。在這裡，赫曼和堂兄弟們一起開了一家賣羽毛床墊的公司。

愛因斯坦家被視為「不守規矩」的猶太家庭，因為他們沒有奉行猶太戒律，也沒有定期上猶太會

堂。赫曼和寶琳摒棄許多猶太傳統，但是堅守著猶太人對知識和教育的重視。家庭教育影響了愛因斯坦一生，後來在他大部分的人生裡，也都秉持著這些價值。

在眾人眼中，赫曼和寶琳無疑是一對幸福的中產階級夫妻。認識他們的人都說，寶琳為人熱情但擇善固執，赫曼則是無可救藥的樂天派，即使事業上財務狀況起伏不定，他仍然樂觀溫和，真誠待人。

（左）赫曼·愛因斯坦。
（右）寶琳·愛因斯坦。

照片來源：Hebrew University of Jerusalem, Albert Einstein Archives, courtesy AIP Emilio Segre Visual Archives

搬到慕尼黑　妹妹瑪雅誕生

五歲的愛因斯坦（右）與三歲的瑪雅（左）。
照片來源：© Bettmann/Corbis

在愛因斯坦出生一年後，羽毛床墊的生意愈來愈差，赫曼的工廠不幸倒閉。他接受弟弟雅各的邀請，到慕尼黑開設一家電器用品公司。兄弟倆真是太幸運了！當時電力工業正值德國工業化的核心。電燈才剛發明問世，每個人都想要新科技，而赫曼更是一向熱愛數學和科學。

愛因斯坦全家剛搬到慕尼黑時，在城市裡租了一間位於三樓的公寓。1881 年 11 月 18 日，愛因斯坦的妹妹瑪雅出生了。當愛因斯坦第一次看到瑪雅時，向大人問：「它的輪子在哪裡？」因為之前有人告訴他，等妹妹出生後，就可以和他一起玩，所以他以為妹妹是玩具。後來，這個小嬰兒比當作玩伴更好──瑪雅（原名瑪麗亞）成為愛因斯坦一生最要好的朋友，他們共度許多開心的時光。

愛因斯坦家或許是希望家裡有個妹妹，可以把小愛因斯坦從他的殼裡拉出來。因為愛因斯坦已經兩歲半了，卻很少開口說話。沒有人在旁邊時，家裡的女傭甚至偷偷叫他「小瓜呆」。多年後，愛因斯坦解釋道：「我兩歲到三歲時，很想要說出完整的句子，卻感到莫名困難。」因此，為了順利說出完整的句子，他會先練習他要說的話。後來瑪雅回想時說：「無論是多麼日常的習慣用語，他在說出口之前，都會先用嘴形對自己輕聲講幾遍。直到自己滿意了，才會輕聲而緩慢的說出話來。」這樣的說話習慣，一直持續到愛因斯坦七歲時。

身為母親，寶琳一向鼓勵她的孩子獨立自主。愛因斯坦四歲時，寶琳開

始帶領他熟悉住家附近的環境，之後就讓他獨自在慕尼黑的街道上穿梭。不過為了安全起見，她會請朋友暗中跟著兒子，直到相信他能獨當一面為止。

愛因斯坦的母親也希望兒子能學習一項樂器，於是在他六歲時，送給他一把小提琴。寶琳本身就是一位出色的鋼琴家，但是她的孩子並沒有立刻感染到她對音樂的熱愛。有一次上課時，愛因斯坦鬧脾氣，甚至摔椅子，他的第一位小提琴家教因此倉惶逃走。

直到十三歲時，他偶然間聽到莫扎特的奏鳴曲作品，才開始和母親一樣愛上音樂。多年後，愛因斯坦說：「如果我不是物理學家，我可能會成為音樂家。我經常沉浸在音樂裡

羅盤與磁鐵

讓我們一起運用羅盤，重現愛因斯坦最早的實驗之一！

請準備：

◆ 羅盤

◆ 磁鐵條（非必要）

1. 請你在家裡，用羅盤找出北方在哪個方向。
2. 把羅盤平放在地板上，等指針停止。然後把基準線與指針的 N 端對齊。

3. 接下來，請把羅盤移到戶外或到另一處地板，再試一次。北方仍然指著同樣的方向嗎？

你的羅盤指針方向會與地球微弱的南北磁場一致。但是，如果你把它移近較強的磁場，它會指向新的方向。家裡有許多物品都有磁鐵，雖然你可能看不到它們，因為它們位於物品的內部，比方說：馬達。運用你的羅盤在家裡找到較強的磁場。

最後，如果你有磁鐵條，你可以用它和羅盤指針一起做實驗。把磁鐵條放在距離羅盤 2～3 公分遠的地方，羅盤指針的哪一端會指向磁鐵條？（請注意：磁鐵條不要直接接觸羅盤，這樣可能會造成指針脫落。）磁鐵條要距離羅盤多遠，指針才會與地球的磁場一致？

思考，在音樂裡作白日夢。我用音樂看待我的生活。」

　　愛因斯坦家豐富的生活，為小愛因斯坦帶來各種新奇的刺激。他的雅各叔叔經常從工廠帶回各式各樣的發明、工具和儀器。五歲時，愛因斯坦生病在家，他的父親給他一個羅盤當玩具。愛因斯坦把羅盤搖一搖、轉一轉，卻發現它的指針永遠指向北方。「我還記得……那次經驗在我心裡留下深遠的印象。我開始思考，事物的背後必然深藏著某些奧妙。」他回憶童年時曾這麼說。

上學去

　　愛因斯坦在家自學到六歲。當他準備上學時，一家人已經搬到慕尼黑郊區的森德林。雅各叔叔一家後來也住在隔壁，兩家人共用一個後院，愛因斯坦喜歡在院子裡和雞與鴿子玩耍。1885 年，愛因斯坦兄弟在附近開設一家工廠，擁有兩百名員工。他們簽到的第一筆生意，是擔任慕尼黑巴伐利亞啤酒節的照明廠商，此後，公司的生意蒸蒸日上。

　　1885 年 10 月 1 日，愛因斯坦就讀於附近的天主教學校彼得小學。他從二年級開始讀起，是個成績優異的好學生，唯一不太喜歡的科目是體操課。

　　儘管教室裡有七十個學生，但是愛因斯坦除非迫不得已，否則不會主動結交朋友。身為學校裡少數的猶太孩子，他經常遭到同學捉弄，甚至是更糟糕的對待。愛因斯坦回憶：「每天放學回家的路上，同學對我的肢體攻擊和侮辱是家常便飯。」

愛因斯坦不像有些同學喜歡運動和玩士兵遊戲。事實上，愛因斯坦從很小的時候，就非常抗拒任何與軍事相關的事物。有一天下午，學校帶領全班學生外出，沿著遊行路線列隊，大力揮舞著旗幟，歡迎路過的德國皇家衛隊。回家後，他告訴父母：「我長大以後，才不要成為那種可憐的人。」

愛因斯坦不喜歡的不只是軍國主義，也不喜歡任何權威人物。1888 年，他進入呂波德中學就讀，對於嚴格的紀律愈來愈感到厭惡。他曾說：「我覺得小學的老師就像士官長，而中學的老師則像中尉。」

愛因斯坦的中學同學也沒有好多少。同學叫他「老實人」，其實就是書呆子的意思。面對這樣的嘲謔，愛因斯坦即使心裡感

紙牌屋

愛因斯坦小時候喜歡建構複雜的紙牌屋，有些高達十四層。現在，換你來挑戰看看，猜猜看自己能蓋多高？

請準備：

◆ 兩盒撲克牌（或更多）

蓋紙牌屋最常用的方法是在兩對擺成 A 字型的卡片上加一張牌當頂。蓋紙牌屋最理想的地方是粗糙表面（如地毯），而不是光滑表面（如玻璃桌面）。舊紙牌也比較好用，因為它們不像新紙牌那麼滑。

然後，繼續往兩旁、往上擴張堆疊。

你能用掉一副撲克牌的 52 張卡片，蓋一幢紙牌屋嗎？或是用掉兩副呢？還是你能想出更好的方法來蓋紙牌屋嗎？

到不舒服，也沒有表現出來。

對愛因斯坦來說，大部分的學校課程都並不困難。他喜歡數學、物理學和拉丁文，但對歷史、地理、法語和希臘文不太感興趣。相較於上學，他反而更喜歡在家裡聽雅各叔叔談代數，或是和家中友人馬克斯‧塔木德做智識上的討論。

猶太文化有一項傳統，就是一個家庭應該在週五晚上的安息日，邀請一位宗教學者共進晚餐。愛因斯坦夫婦則建立起自家的傳統，邀請慕尼黑大學的醫學生塔木德成為週四晚餐時光的座上賓客。塔木德也成為十歲愛因斯坦的非正式家教。每個星期，他會帶來科學、數學和哲學類書籍給愛因斯坦閱讀，然後在接下來的一週內互相討論。

在這些書籍中，愛因斯坦最喜歡的是亞隆‧伯恩斯坦所寫的二十一本系列套書——《自然科普讀本》。這套書的主題繁多，其中一本談論光速，帶著讀者一同想像，搭乘沿著電報線行進的訊號會是什麼光景。在另一本書中，也邀請讀者想像，當一顆子彈往行駛中的火車射去，子彈的路徑在發射子彈的人眼中以及火車上的人眼中，會有什麼不同呢？

愛因斯坦十二歲時，塔木德給他一本幾何學的書——歐基里德的《幾何原本》，他津津有味的「拼命讀下去，想要探知究竟」。愛因斯坦整個星期都在解題，等待每週四晚上，把解題內容拿給塔木德看。後來愛因斯坦開始鑽研微積分，勤奮學習的程度，讓塔木德都不禁讚嘆：「不久之後，他的數學造詣將一飛沖天，高到讓我再也跟不上。」

艾薩克·牛頓與牛頓物理學
(Isaac Newton, 1643-1727)

在愛因斯坦的童年時期，牛頓物理學是當代的顯學。艾薩克·牛頓是傑出的英國數學家和物理學家，他提出三條運動定律，可以用來解釋蘋果從樹上掉下來、行星繞太陽公轉等一切運動現象。分別是：

1. 不受外力作用時，物體會保持靜止或呈等速直線運動。
2. 受到外力作用時，物體的加速度與外力大小成正比且方向相同。可以用數學公式表達為：

$$力 = 質量 \times 加速度$$

3. 每一個作用力，都有一個大小相等、方向相反的反作用力。

1666 年，牛頓在英國鄉村度過一年時光後，提出了他的三條運動定律。當時學校因學生陸續死於瘟疫而關閉，牛頓被迫離開倫敦附近的劍橋大學。儘管聽起來很可怕，但也讓他得到一段可以專心研究的時間。

這一年，牛頓不僅提出關於運動的新觀念，還寫出萬有引力理論、發明一種稱為「微積分」的新數學形式，並探索一門稱為「光學」的學問。人們後來把這一年稱為牛頓的「奇蹟之年」。當時牛頓只有二十四歲。（到了 1905 年，愛因斯坦也將擁有他的奇蹟之年。）

儘管愛因斯坦的「廣義相對論」後來取代牛頓物理學，成為天文學家觀察恆星、科學家研究原子的依據，但是對於一般人來說，牛頓的公式即使略有誤差，仍然可以運用。就連愛因斯坦在晚年時也承認這一點。

「牛頓，請原諒我。」愛因斯坦寫下：「你所找到的，是你那個時代思想最深奧、創造力最豐富的人所能想到的唯一方法。」

牛頓的肖像。照片來源：Library of Congress Prints and Photographs Division (LC-USZ62-10191)

在愛因斯坦的青少年時期，城市之間最便捷的交通方式就是搭火車。如今，火車的速度或許趕不上今日的飛機，但是在歐洲搭火車旅行，還是一種非常方便又簡單的方式。

你能不能為自己規劃一趟從慕尼黑到米蘭的旅行呢？

請準備：
◆ 上網設備
◆ 大人的許可

假設你現在住在德國慕尼黑，想要買一張明天出發、目的地是義大利米蘭的車票。得到大人的許可後，你可以到歐洲鐵路的購票網站（www.eurail.com），點選歐鐵頁面上的「計畫行程」連結。

點進去後，你可以輸入行程的日期、出發城市和目的地。出發城市點選「慕尼黑」，目的地點選「米蘭」。

點下提交鍵之後，你會看到許多不同的行程選項。火車時間都是以「二十四小時制」格式表示，也就是說，過了中午的時間不會重新起算，而是繼續增加數字，例如早上9 點 30 分是 09:00，但是晚上 9點 30 分是 21:30（12:00+9:30）。

接下來，請你查看各班列車，務必閱讀「行程細節」，了解你一共要換多少次車，還有必須在哪裡換車。請仔細確認這部分，以免坐錯車或換錯車呦！

然後，試著回答以下問題：

1. 在你查到的行程中，你發現哪個行程抵達目的地的時間最快？
2. 第一班從慕尼黑開出的車，是最早抵達米蘭的車嗎？
3. 你要在哪裡換車？
4. 德國和義大利沒有相鄰。請確認你的旅行路線是經過奧地利或瑞士？

前進義大利米蘭

不幸的是，赫曼和雅各的電氣事業，衰落的速度幾乎像崛起時一樣快速。隨著其他公司爭相參與這個產業，競爭變得愈來愈激烈。1894 年，他們在慕尼黑市中心電燈裝設競標案中失利，公司因此破產。

接下來，愛因斯坦家做了一個艱難的決定。義大利當時的「電氣化」程度還沒有德國那麼高，於是他們決定帶著兩家人搬到米蘭東山再起。至於當時十五歲的愛因斯坦則先託付遠房親戚，讓他可以留在原地完成學業、拿到文憑。

可是沒過多久，愛因斯坦就陷入慘境。一方面，他好想念妹妹瑪雅和家人；另一方面，學校生活真是一團糟。班導師約瑟夫・德根哈特，竟然在全班同學面前譏諷他未來將會一事無成。德根哈特不喜歡愛因斯坦課堂上的態度，還對愛因斯坦說：「你一臉微笑的坐在後排，在課堂上沒有展現出對老師應有的尊重。」

所以，為了設法離開學校，愛因斯坦想出一個辦法。首先，他拜託塔木德當醫生的哥哥伯納德開一張診斷證明，說他患有「神經衰弱」，需要請假休養——而且必須立刻回家休養。又請數學老師幫忙寫一封推薦信，表示他已經精通中學的數學課程。1894 年 12 月 29 日，愛因斯坦搭乘開往義大利的火車。當這個自信、獨立的青少年突然出現在米蘭的雙親家門口時，寶琳可能會懷疑，當初讓兒子獨自徘徊在慕尼黑的街道，真不知道是件好事還是壞事。

愛因斯坦告訴父母，他不想回到慕尼黑。更重要的是，他想要放棄德國國籍。原因是，年滿十六歲且沒有在學的德國男性都要應徵召入伍，而他現在是十五歲（在學者在畢業後必須入伍）。然而愛因斯坦的父母只是聽他說，一開始並不支持他的願望。

由於中斷了學業，愛因斯坦有一段時間在父親的工廠裡幫忙，不過他有更多時間是在義大利的鄉村間漫遊，或是在圖書館和博物館消磨時光。不久之後，赫曼要求兒子認真思考未來的出路。愛因斯坦決定要讀瑞士的「蘇黎士理工學院」，也就是今日的「蘇黎士聯邦理工學院」。一般人就算沒有高中文憑，只要年滿十八歲、並通過入學考試，即可就讀蘇黎士理工學院。

雖然愛因斯坦的年齡還沒達到應試資格，但在家中友人的幫助之下，加上愛因斯坦的數學老師所寫的推薦信，學院決定在年齡資格上予以通融。1885 年秋天，愛因斯坦參加入學考試。結果出爐，他的物理和數學成績通過考試標準，但是法語、植物學、動物學、文學和化學則全軍覆沒。不過，學院還是給予他入學許可，但條件是必須要拿到中學文憑。愛因斯坦不可能重返德國念中學，那麼，現在的他究竟該何去何從呢？

愉快的阿勞中學時光

儘管愛因斯坦在蘇黎士理工學院不得其門而入，卻反而是因禍得福。那年秋天，他進入位於蘇黎士西邊阿勞市的瑞士阿勞州立中學就讀。阿勞中學

與德國中學最大的不同之處在於，學校鼓勵學生獨立思考。愛因斯坦在多年後表示：

那間學校讓我留下難以磨滅的印象；相較於我在德國中學的鐵腕管理下度過的六年，我這才真正明白，以自由選擇與自我責任為立足點的教育，絕對優於以外部管束以及權威式為依歸的教育方式。

正是在這樣愉快的學習環境，開啟愛因斯坦初步思考許多議題——如果搭乘一束光去旅行，會是什麼情況？光波會靜止嗎？如果會，會是什麼樣貌？如果以光速在自己面前舉起一面鏡子，會看到自己在鏡中的影像嗎？阿勞中學的老師們對愛因斯坦所做的這些珍貴思考感到十分驚豔，甚至為它們取了一個名字——「想像實驗」。

愛因斯坦就讀的阿勞中學。

由於家人住在義大利，此時的愛因斯坦是與他的希臘歷史教授優斯特・溫特勒、師母葆琳以及他們的七個孩子住在一起。溫特勒夫婦很歡迎愛因斯坦住在他們家，愛因斯坦後來甚至稱呼他們「爸爸」和「小媽」。週末，他們會上山健行，在山裡放風箏，學習認識當地的植物和動物。

1895 年，愛因斯坦趁著聖誕假期回家，再次請求父親幫助他放棄德國國籍。這一次，赫曼同意了。愛因斯坦的德國國籍於 1896 年 1 月 28 日正式

撤銷。但是愛因斯坦還太年輕，無法申請瑞士國籍，必須等到 1899 年才能展開申請程序。因此這個時候，他暫時是一個沒有國籍的男孩。

1896 年 6 月，愛因斯坦以第二名的成績從中學畢業。他在法語課的最後一篇作文裡寫道：

> 如果我幸運通過考試，我要進入蘇黎士理工學院就讀。我要善用在那裡的四年，努力學習數學和物理。未來，我希望成為教授這些科學領域的老師，教授這些科學領域的理論……科學專業的獨立性深深地吸引著我。

他再次參加蘇黎士理工學院的入學考試。這一次，他成功獲得了錄取。

自由的大學生活

早在愛因斯坦就讀蘇黎士理工學院的年代，它就是一間與今日大多數大學大不相同的學校。在四年修業期間，學生只需要參加兩次考試，分別是期中考和期末考。學生應該上課、進實驗室做實驗，但是這些都不是硬性規定。學校沒有作業、沒有隨堂考，也不用寫報告，只需要繳交期末論文。對於一個愛做白日夢的人來說，這種學習環境再完美不過，但同時也具有風險。

1896 年 10 月 29 日，愛因斯坦搬進聯合大街 4 號的分租公寓，並在 1896 年 10 月 29 日開始上課。這時他十七歲，比大學規定的入學年齡小六個月。愛因斯坦每個月會收到親戚茉莉姨媽寄給他的一百元瑞士法郎，他會把一部

分的零用錢存下來，以便支付未來申請瑞士國籍的費用。

與愛因斯坦同時入校就讀的學生大約有一千名，不過他的班上卻只有五名學生主修物理學，他正是其中之一。當時，大部分學生都志在成為工程師或教師。嚴格來說，這時的愛因斯坦也在學習成為一名物理老師，而不是物理學家，雖然他沒有修教育課程。

與在德國中學時期不同的是，愛因斯坦在理工學院結識許多朋友。某個週六的音樂演奏會上，他遇到數學系的學生馬塞爾·格羅斯曼，兩人自此成為一輩子的朋友。如果沒有遇到格羅斯曼，愛因斯坦甚至可能永遠無法完成大學學業。

蘇黎士理工學院。

格羅斯曼是個認真的學生，他會出席每一堂課，而且做詳細的筆記。反觀喜歡按照自己的步調學習的愛因斯坦，則是花費大量時間在研讀那些比課堂內容更有趣的科目上。隨著期中考試逼近，愛因斯坦意識到必須趕上同學，所以向格羅斯曼借筆記來準備考試。

這項策略確實奏效！愛因斯坦在期中考試拿到全班第一名。儘管如此，他心知肚明，是格羅斯曼救了他。後來他坦承：「如果沒有這些筆記，我不敢設想自己會有什麼下場。」

至於第二名的格羅斯曼，則把一切歸功於愛因斯坦的才智。在認識愛因斯坦之後不久，他就對父親說：「未來，愛因斯坦會成為偉人。」

與米列娃‧馬利奇相戀

與愛因斯坦一起主修物理學的四名學生，其中一位是米列娃‧馬利奇。她是蘇黎士理工學院有史以來第五位主修物理學的女性。

米列娃來自奧匈帝國的諾維薩德，這個地方是今日塞爾維亞的一部分。她的父親米洛斯曾經從軍，後來在法院當書記官，之後成為法官。她的母親瑪麗亞出身於一個富有的塞爾維亞家族。

米列娃出生於 1875 年 12 月 19 日，家裡有三個孩子，她排行老大。她出生時左臀脫臼，造成兩條腿不同長短，走路因而一跛一拐。米洛斯與瑪麗亞這對夫婦一直希望給孩子接受最好的教育，而出身名門的米列娃在整個求學期間，也都展現出在數學和科學上的才華。可惜的是，無論再怎麼優秀，她只能讀到高中，因為在 1800 年代後期的奧匈帝國，女性是被禁止上大學的。事實上，瑞士是當時唯一允許女性申請大學的德語國家。

米列娃一開始是在蘇黎士大學唸醫學，但是唸了一個學期後，就轉學到蘇黎士理工學院成為愛因斯坦的同學。在學院求學時，米列娃寄宿在一間位於普拉騰大街 50 號的養老院。她是一個相當認真、用功的學生。

在蘇黎士理工學院的第一年，愛因斯坦和米列娃純粹只是同學，不過愛因斯坦相當喜歡去養老院演奏小提琴，而米列娃則會彈鋼琴伴奏或唱歌。大家都說她的聲音美妙動聽。

或許是擔心自己對愛因斯坦的感情愈來愈深，又或許是擔心愛因斯坦對她的感情愈來愈深，米列娃在第二年秋天轉學到海德堡大學。但是，不到一

米列娃‧馬利奇，1896 年。照片來源：Granger Collection, NYC (0073839),all rights reserved

年，她再度回到蘇黎士。不久之後，他們就如同熱戀中的情侶一樣，開始互相幫對方取暱稱——他叫她「朵莉」，她叫他「強尼」。他們倆正式成為一對戀人。

無路可退
· · · · · · · · · · · · ·

愛因斯坦對課業的隨興態度並沒有因為戀情而改善，反而因此變得更糟。在米列娃的推波助瀾下，愛因斯坦很快就認定自己的學識比學校裡的講師還要好，他也經常因為教授的授課內容太過陳腐且過時，因而翹課自修。數學教授赫曼·明考斯基後來回憶起大學時期的愛因斯坦時，甚至稱呼他為「懶惰鬼」。

1899 年 7 月，愛因斯坦在實驗課不小心引起爆炸，導致右手受傷，縫了好幾針，還因此有一段時間不能拉小提琴。物理學導師尚·培內對愛因斯坦說：「你對物理學充滿熱情，但是你學成的希望渺茫。為了你自己的未來，應該考慮換個領域，比如說醫學、文學或法律。」愛因斯坦並未採納轉換跑道的建議，反而更堅定對於物理學的興趣，他對自己許下承諾，要更專心的鑽研理論物理學。

糟糕的是，愛因斯坦惹火了他的物理學教授海恩利希·韋伯。之前，就是在韋伯教授的幫助下，學校才破格錄取年齡不足的愛因斯坦。然而，愛因斯坦認為韋伯的授課內容過於落伍，因為他沒有教授詹姆斯·克拉克·馬克

四位大學生。左一為格羅斯曼、左二為愛因斯坦，1899 年。照片來源：Hebrew University of Jerusalem, Albert Einstein Archives, courtesy AIP Emilio Segre Visual Archives

麥克‧法拉第
(Michael Faraday, 1791–1867)

從未受過正規教育的麥克‧法拉第是蘇格蘭鐵匠之子，他是首位發現電與磁關係的科學家。1821年，他發現通電線圈靠近靜止的磁鐵時，磁鐵就會轉動；若將磁鐵固定住並通過線圈，線圈就會轉動。後來，人們利用這種現象製造出第一部電動馬達。

法拉第的發現對物理學意義重大，不僅結合兩個原本被認為不相關的研究領域，並創造出首部變壓器和發電機、首次在磁鐵上撒鐵屑以顯現磁場，還發現鰻魚發出的電擊是靜電。此外，他的電解研究更徹底改變了化學的發展軌跡。

士威的研究成果。馬克士威這位物理學家在電磁輻射領域具有開創性的貢獻，而首先發現電磁輻射的是麥克‧法拉第。

韋伯曾經對愛因斯坦說：「愛因斯坦，你非常聰明，聰明絕頂。但是有一個很大的缺點，那就是，你把別人的話全都當成耳邊風。」韋伯所言確實不假，愛因斯坦大四那年繳交的研究論文，因為沒有寫在規定的紙張上，於是韋伯要求他重抄一遍。

當時在愛因斯坦的腦海中，總是縈繞著和米列娃在當地咖啡館廝混、在附近山脈健行、在蘇黎士湖泛舟的午後時光。這下子，連格羅斯曼的筆記都幫不了他。1900年7月，考完期末考之後，在全班五個人當中，愛因斯坦以第四名的成績從蘇黎士理工學院畢業。米列娃排名第五，她的成績沒有達到畢業的標準。

孤獨又失業

畢業之後，愛因斯坦發現自己突然被丟進一個「真實世界」。他的茱莉姨媽不再寄零用錢給他，遠在義大利的父親則遭遇事業失敗，所以在他找工作時，家人也沒有能力接濟。

愛因斯坦想在大學裡找一份工作，也許是在物理系擔任助理。他向歐洲各地的教授探詢職缺，卻四處碰壁，就連蘇黎士理工學院也不願意接受他。或許更直白的說，蘇黎士理工學院尤其

不聘用他。愛因斯坦在給朋友的一封信裡寫道：「就我從別人那裡得知的訊息，我之前的老師沒有任何一個喜歡我。」

與此同時，愛因斯坦與米列娃更認真思考他們的未來，決定論及婚嫁。他們會在兩人分離時互寄情書。愛因斯坦寫下：「我很幸運能與你相遇——你是與我對等的個體，和我一樣堅強而獨立。」有時候，他也會寫老套的詩句給她：

天啊！那個強尼男孩！
欲望如此瘋狂。
他滿腦子都是他的朵莉，
想到枕頭都著了火。

然而，愛因斯坦的母親寶琳卻不認同兒子談及婚嫁的對象。她直白的告訴愛因斯坦，對愛因斯坦來說，米列娃的各項條件都不夠好——尤其米列娃不是猶太人、她信的是東正教、她是比愛因斯坦大三歲的「老」小姐，甚至認為米列娃缺乏吸引力。有一次，愛因斯坦帶著米列娃回家，儘管他們當時還沒有結婚，他就稱呼米列娃為自己的妻子。愛因斯坦寫信給米列娃，描述到後來發生的情況：

詹姆斯・克拉克・馬克士威
(James Clerk Maxwell , 1831–1879)

發現電與磁之間關係的人雖然是法拉第，但是把他的研究成果轉化為數學術語，並且提供給物理學家運用的人，則是同為蘇格蘭人的詹姆斯・克拉克・馬克士威。

馬克士威發現，電磁波會以特定速度前進，並且恰巧與光的速度一致。他還推論出土星環運動穩定性的條件。他在 1861 年製作出全世界第一張彩色照片。他也曾發展出氣體動力論。

法拉第用實驗發現電磁感應原理，而馬克士威則用想像實驗與數學公式來呈現法拉第的理論。或許這正是少年愛因斯坦會深受馬克士威的研究所吸引的原因。然而，馬克士威認為光是一種藉由「以太」傳導的波，愛因斯坦則感到困惑。未來，愛因斯坦將會證明，馬克士威的理論是錯的。

媽媽倒在床上，把頭深埋在枕頭裡，哭得像個孩子。回過神後，她拚命抨擊：「你在自毀你的前途，你在葬送你的機會。……沒有一個像樣的人家會要她。……如果她懷孕了，你就會慘兮兮。」

　　寶琳的恐懼很快成真。1901 年春天，米列娃懷孕了。愛因斯坦和米列娃決定讓米列娃回到諾維薩德的娘家生產。在離開蘇黎士之前，米列娃第二次參加期末考試，卻是再度名落孫山。

　　1902 年 1 月，米列娃生下一個女寶寶，取名為麗澤爾。關於麗澤爾，我們能找到的現存資訊相當少，因為愛因斯坦與米列娃刻意隱瞞她的出生，只有告訴他們最親近的朋友和家人。據說，米列娃回瑞士時沒有帶著她，這是否意味著麗澤爾被送給別人收養？還是一直到愛因斯坦和米列娃結婚，她都由米列娃的父母、親戚或摯友海蓮娜・薩維奇撫養？我們無法得知。

　　從愛因斯坦在 1903 年 9 月寫的一封信來看，歷史學家認為麗澤爾曾感染猩紅熱。這是一種嚴重的疾病，患者通常會因此死亡，就算康復也可能會留下殘疾，例如耳聾或腦損傷。無論麗澤爾是否活了下來，都找不到她成長的任何紀錄，而愛因斯坦的信一直到 1986 年才曝光。

　　麗澤爾在奧匈帝國出生一個月後，愛因斯坦申請瑞士國籍獲准。他需要公民身分才能在瑞士找工作，此時必須養家活口的他急需一份工作。他寫信給米列娃說：「對於我們的未來，我做了以下決定。我會立刻找工作，無論職位多麼低微，哪怕是最基層的職位，我都不會礙於我的科學目標以及個人的虛榮心而不接受。」

愛因斯坦確實說到做到。他先在溫特圖爾的一所技術學校擔任三個月的數學代課老師。之後，他在沙夫豪森的一所寄宿學校擔任一名英國學生的家教。這份工作的薪資微薄，而且只維持了幾個月的時間，因為愛因斯坦和校長起爭執，於是他又被解雇了。

「伯恩是一座古老、極其舒適的城市，住在這裡就像在蘇黎士一樣。」
——愛因斯坦

Chapter 2

專利局時期與奇蹟之年

「我的腦海中爆發了一場風暴。」

——愛因斯坦對朋友談起「奇蹟之年」

「親愛的格羅斯曼。」愛因斯坦回信寫道:「我昨天收到你的信,知道你沒有忘記一個倒楣的老朋友。你的用心和熱情,讓我深受感動。」這位之前提供愛因斯坦課堂詳細筆記的老朋友,捎來一個好消息,位於伯恩的瑞士專利局很快會有一個職缺。消息來自格羅斯曼的父親,他是專利局局長弗利德里希‧哈勒的朋友。

老格羅斯曼建議哈勒找愛因斯坦談談，於是愛因斯坦搭上火車，到伯恩進行兩個小時的面談。雖然愛因斯坦學的是物理學，但是他在父親與叔叔的工廠幫忙時，從實務經驗吸收到足夠的技術與知識，因而說服哈勒給他一個機會。不過，任何要經過瑞士政府官僚體系的事，絕對不可能進行得平順又迅速。愛因斯坦還得耐心等待官方核發的正式聘任書。

奧林匹亞學院

雖然愛因斯坦已經畢業離校，也沒有在大學工作，但是他不曾停止思考物理學。1900 年 12 月，他把第一篇論文投稿到素負盛譽的期刊《物理年鑑》，論文在 1901 年 3 月刊出。這篇論文的主題與毛細作用有關，也就是把液體「拉升」到管子裡的作用力。愛因斯坦認為，不同原子量的液體會有不同的毛細作用。雖然這篇論文的預設並不正確，但是當時沒有人（包括愛因斯坦自己）能證明這一點。

事實上，將論文發表在《物理年鑑》這件事，遠比愛因斯坦的論文內容更重要。世界各地的物理學家都會閱讀這本重要期刊，因此能夠將論文刊登在上頭，便極有可能幫助愛因斯坦找到一份大學的工作，只是時間遲早的問題。

與此同時，愛因斯坦還在等待瑞士專利局的通知。他很希望被瑞士專利局錄取，因此在 1901 年底便搬到伯恩待命。當時，他住在正義巷 32 號一樓

的公寓。愛因斯坦的老朋友塔木德曾去探望他，塔木德後來坦言：「居住的環境透露出愛因斯坦捉襟見肘的處境。他住的房間狹小、設備簡陋。」

為了支付生活開銷，1902年2月5日，愛因斯坦在當地報紙刊登一則廣告：「數學與物理家教，教學嚴謹。亞伯特·愛因斯坦，擁有聯邦理工學院教師文憑……免費試聽。」有兩名男士循廣告而來，其中一名是建築師，另一名是工程師。不過，這兩份家教工作都沒有讓愛因斯坦賺到多少錢。

幾個月後，愛因斯坦重新刊登這則廣告。這一次，找愛因斯坦當家教的人是墨里斯·索洛文。索洛文是一位在伯恩大學修讀哲學的羅馬尼亞學生，他想找家教學習物理學。

毛細作用

你曾經觀察過毛細作用嗎？在這項活動裡，我們要測試三種不同的管子，觀察它們克服地心引力而將水向上拉升的能力。

請準備：
◆ 三根口徑各不相同的透明短管
◆ 透明膠帶
◆ 一杯水
◆ 食用色素

1. 首先，找到三根粗細不同的透明管，如吸管、塑膠原子筆管、水族箱管等。三根管子的長度要差不多，而且兩端都有開口。
2. 把管子由細到粗並排，用膠帶綑好。
3. 在水裡滴一些食用色素，便於觀察進入管子的水。

4. 慢慢地把綑好的管子伸進水裡。管子靜止不動，觀察各管子裡的水位高度。

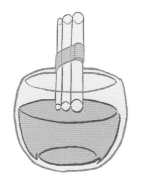

你認為管子的口徑大小，與它透過毛細作用拉升的能力有什麼關係？

解答：管子的口徑愈小，拉升的水柱愈高。

奧林匹亞學院成員（自左至右）：哈比希特、索洛文與愛因斯坦。照片來源：©Underwood & Underwood/Corbis

他和愛因斯坦見面後，持續聊了兩個多小時，成為了好朋友。他們約好第二天晚上再度見面，盡情暢聊。

後來，愛因斯坦在沙夫豪森任教時結識的朋友康拉德‧哈比希特也加入他們的行列，哈比希特當時正在大學攻讀數學博士學位。這三個人為他們的每週聚會取了一個名字——「奧林匹亞學院」。

這是一個相互辯論的聚會，也是一起共進晚餐的理由，不過他們確實探討了許多複雜的議題。三人經常一邊喝著土耳其咖啡，吃著全熟白煮蛋、香腸、乳酪和水果，一邊熱烈的爭論到深夜。

有時候，他們還會到附近山區健行，一路上討論哲學、科學、文學或政治，然後在山裡紮營，徹夜聊到天亮。愛因斯坦非常喜歡他們的陪伴，並與兩人成為終生的摯友。

進入專利局工作

1902 年 6 月 16 日，愛因斯坦終於拿到聘書。雖然他應徵的職位是二等技術專員，不過專利局給他的職位是三等技術員。這是專利局等級最低的職位，年薪約 3,500 瑞士法郎。如今，愛因斯坦總算有了一份工作。一週後，愛因斯坦在 6 月 23 日報到上班。上班時間是早上八點，一週工作六天。

愛因斯坦在專利局負責許多申請案的審查工作。他的主管哈勒是這樣指導他處理審查工作的：「你收到申請案時，先假設發明者所說的一切都是錯的。」其實，哈勒根本不必指示愛因斯坦，因為愛因斯坦本來就是抱持著懷疑的態度看待每一件事。

愛因斯坦在專利局工作時，每天要經手許多校準時鐘的發明專利申請案。當時，瑞士正在嘗試用新的電子技術統合火車系統，伯恩市已經用中央鐘塔為城市裡所有時鐘校準對時，包括車站的時鐘。這樣的技術也能同步擴大、應用到全國嗎？

愛因斯坦對這個問題有更深入的思考。他知道電是以光速移動，雖然快速，但無法即時，因此要求所有時鐘的時間完全一樣是不可能的事。不過，他也思考到「同時性」的概念，也就是兩個事件同時發生。我們有可能說兩個事件發生在同一個時刻嗎？愛因斯坦對這個答案的思考，成為「狹義相對論」的核心。

瑞士專利局位於這棟建築物的三樓。

米列娃、漢斯與愛因斯坦。照片來源：Courtesy of the Leo Baeck Institute, New York (F 5373M)

婚姻生活

1902 年秋天，愛因斯坦收到一封緊急電報——他的父親心臟病發作，於是急忙趕到父母在米蘭的家中。赫曼躺在床上，奄奄一息。臨終前，他終於同意愛因斯坦娶米列娃。赫曼於 1902 年 10 月 10 日離世，這是愛因斯坦人生最沉痛的一天。

米列娃在生下麗澤爾後，搬到伯恩市附近的小鎮。1903 年 1 月 6 日，愛因斯坦和米列娃在小鎮的民政登記處舉行婚禮。婚禮由索洛文和哈比希特擔任見證人。愛因斯坦的母親寶琳沒有出席，米列娃的父母也沒有到場。他們幾個人一直慶祝到深夜，等到這對新婚夫婦回到他們的公寓時，愛因斯坦這才發現自己忘了帶鑰匙出門。被鎖在門外的兩人不禁開懷大笑，並不得不叫醒房東幫他們開門。

1903 年秋天，愛因斯坦在伯恩市中心的大鐘樓附近租下一間公寓。「奧林匹亞學院」有時會在這裡聚會，新婚的米列娃自然而然成為新加入的成員。雖然米列娃並不是每場聚會都會參加，但只要參加，她都展現出相當的自信，有時和大家激烈辯論時，她甚至還會用力跺腳以強調自己的觀點。可惜的是，哈比希特在 12 月畢業後就離開伯恩市，而索洛文也在隔年春天搬走了。「奧林匹亞學院」的聚會就這樣不得不解散了。

不過，幸運的是，愛因斯坦推薦蘇黎士老朋友——工程師米歇爾·貝索，大約在同一時間加入專利局工作。貝索成為愛因斯坦的智囊團，協助他探索那些每天在腦海中盤旋、具革命性的科學思想。每天傍晚，這兩位朋友

會結伴從辦公室走路回家，一路上，愛因斯坦會對貝索娓娓講述他腦中思考的各種天馬行空的難題與想法。

1904 年 5 月 14 日，米列娃產下一個男嬰，取名為漢斯。她後來寫信給朋友海蓮娜說：「看著漢斯醒來時笑得那麼開心，我心中洋溢著莫大的喜悅。他洗澡時踢著極為有力的腿，讓我真害怕他會從我的手裡滑走。」

愛因斯坦則用自己的方法養育兒子。據他們的朋友說，他會一邊用腳推漢斯的搖籃，一邊在旁邊的桌子讀書或寫作。他推著嬰兒車穿梭在街頭時，也會隨身帶著小筆記本，每當腦中一有什麼新想法，他就會停下來寫筆記。

那年 9 月，愛因斯坦終於通過專利局的試用期，成為正式審查員，並獲得加薪四百法郎。

伯恩鐘塔

愛因斯坦每天從新公寓到專利局上班途中，正好會經過伯恩市著名的鐘塔。不管是走近鐘塔或離開鐘塔而行，他經常思考著時間的本質。他在 1905 年的狹義相對論論文裡（本書第 54 頁），用鐘塔解釋一個想像實驗。

這座鐘塔建於 1218 年至 1256 年間，是這座城市的主要門戶。時鐘是後來在 1527 年時加裝的，就在哥倫布航行發現新大陸的三十五年後。

這座時鐘不但能顯示時間，還有日期和星座位置。1890 年，鐘塔用來為伯恩市內所有時鐘進行電子校準對時。十年後，瑞士火車系統的所有時鐘都採取同樣的方法對時。

伯恩鐘塔

奇蹟之年

愛因斯坦一家居住的公寓，這是漢斯出生的地方，而愛因斯坦正是在這裡寫下他的「奇蹟之年」論文。現今此處已成為博物館。
照片來源：Courtesy Einstein Haus, Bern

愛因斯坦年輕的時候，大半時間都在思索與研究物理學，不過直到 1905 年，他的心智宛如開啟閘門的洪水般滔滔奔騰而出，並做出一連串科學思想史上的大突破。3 月至 9 月期間，他寫了五篇開創性論文，一舉顛覆了以往科學家看待世界的方式。愛因斯坦把這一年稱為他的「奇蹟之年」。

愛因斯坦許多重要的論文都發表在《物理年鑑》上。這本期刊當時有一項特別的政策，那就是只要在這裡發表過論文的作者，未來只要投稿，原則上都會刊登。好在愛因斯坦之前曾在這裡發表過那篇有關毛細作用的論文，不然沒有教授身分的他，很可能永遠無法發表這些論文。

從某種角度來說，正因為愛因斯坦在專利局工作，而不是在大學，反而讓他更容易強烈堅持自己的理論。試想，如果換成是一位物理學教授，要寫一篇與大學教學內容相互矛盾的論文，會是多麼困難的事——有誰膽敢發表這樣的論文，來危及自身的教授工作或聲譽呢？

1905 年 5 月，愛因斯坦寫了一封信給奧林匹亞學院的老朋友哈比希特，詳細說明想要撰寫的論文主題：

我一定會寫四篇論文……第一篇……處理輻射與光的能量特性，它會極具革命性……第二篇論文是確認原子真正的大小……第三篇會證明……千分之一毫米等級的物體在液體中懸浮時，一定會出現觀測得到的隨機運動……第四篇論文現在還只是草稿，它和運動物體的電動力學有關，運用了一個修

正後的空間與時間理論。

愛因斯坦從來沒有把第五篇論文的事告訴哈比希特。也許是因為愛因斯坦當時還不知道自己要不要寫。不過，正是這最後一篇論文，導出他那條著名的方程式：$E = mc^2$。

回首這專屬於愛因斯坦的「奇蹟之年」，愛因斯坦對同事李奧·西拉德說：「那一年是我一生中最快樂的時光。沒有人期望我下金蛋。」而愛因斯坦在二十六歲生日過後三天，確實為這世界下了第一顆金蛋。

第一篇論文：光是波，也是粒子

長久以來，科學家一直努力建構理論來解釋光的性質。例如物理學家談到「光」的時候，指的是「電磁波」，不只是我們眼睛所能看到的光，還包括無線電波、X光、微波等等。多數科學家認為光是一種波，傳遞能量的方式跟海浪一樣──一種規則、連續、上下的運動，稱為「振動」。也有些科學家（牛頓就是第一人）認為光是粒子流，以微小的封包形式傳遞能量，就像落下的雨滴那樣。

上述兩種理論各有其優點，也各有其缺點。所以愛因斯坦將這些理論截長補短，提出一個革命性的想法──光既是波，也是粒子。

從許多方面來看，光的表現確實很像波──它會反射（反彈），就像水

馬克斯・普朗克
（Max Planck，1858—1947）

如果說有人在愛因斯坦的職涯裡扮演著父親般的角色，那個人肯定就是德國物理學家普朗克。普朗克是《物理年鑑》期刊的主編，所以愛因斯坦投稿的論文最終都會被送到普朗克桌上。普朗克不一定贊同愛因斯坦的理論，但他認為相互衝突的觀念值得討論，因此刊出愛因斯坦的每一篇論文。

雖然愛因斯坦在 1905 年發表的論文中，延續了普朗克在光量子領域的開創性成果，但直到 1911 年的索爾維會議（也就是愛因斯坦有機會與普朗克當面對談後），普朗克本人才接受了這個嶄新的理論。愛因斯坦寫給朋友的信中說：「在與普朗克糾纏這麼多年之後，大致上我已經成功說服他，我的光量子理論是正確的。」諷刺的是，普朗克和愛因斯坦這兩位堪稱是量子力學始祖的科學家，卻都在晚年時對量子力學感到懷疑。

1914 年，普朗克在擔任普魯士皇家科學院院長時，曾成功說服愛因斯坦搬到柏林（參閱本書第 97 頁）。兩次世界大戰期間，普朗克一直留在德國，但在二次大戰結束後不久與世長辭。

馬克斯・普朗克。

波紋碰到牆面時那樣；而且它通過固體的邊緣時，也會繞射（彎曲）。更重要的是，當兩束光交會時，會彼此結合在一起。

如果你仔細觀察起風時的湖泊或海洋，會發現當兩股波浪互相碰撞時，將湧現一股更大的波浪；接著水面便迅速下降，降得比原本更低。光也是如此，但我們很難在生活中觀察到這種現象，因為光速實在太快、光源太多，以至於看起來似乎沒有什麼不同。在實驗室裡，科學家可以控制光的行進方向，當兩束光交會時，會產生明暗相間的帶狀紋，稱為「干涉圖樣」。兩個光波的波峰重疊時，會形成一條更亮的線，而當一個波峰與一個波谷重疊時，會相互抵消而形成一條暗線。

然而物理學家也意識到，光的有些表現完全不像波。1900 年，

德國物理學家馬克斯‧普朗克想解釋為什麼有些金屬受到光照射時會釋放電子。如果採用大家普遍接受的波動說，那麼這個現象就無法用數學解釋；但是，如果把光想成一個個微小封包就可以。他把這些封包稱之為「量子」。

對於普朗克來說，量子不過是為了求計算方便的產物，用來解釋他在實驗室看到的現象。他私底下承認，光並非真的是一個又一個小封包，這是個「沒有辦法的辦法」。不過，愛因斯坦在 1905 年時明確指出，光量子是一個具體存在的事實。

當時大多數人仍然堅信波動說，愛因斯坦的論文只成功說服普朗克和少數科學家。愛因斯坦表示他的理論可以用實驗來驗證，但要等到 1916 年，美國物理學家羅伯特‧密立根在試圖反駁愛因斯坦時，反而證實愛因斯坦的「光電效應」理論（這個理論後來為愛因斯坦贏得諾貝爾獎）。1923 年，另一位物理學家亞瑟‧康普頓證明光量子的存在；1926 年，美國化學家吉爾伯特‧路易斯將其命名為「光子」。

第二篇論文：分子的大小

愛因斯坦完成光電效應的論文一個半月之後，又完成了另一篇論文，計算出原子和簡單分子概略的大小。當時的科學家還不確定原子是否存在，而愛因斯坦卻宣稱自己已經有辦法確定它們的大小！

遠在古希臘時代，就有哲學家認為世界是由原子所構成的。但是，原子

光電效應

愛因斯坦研究「光電效應」，主要是為了解釋光的本質，而不是要促成實務上的應用。不過實務應用的到來，只是時間早晚的問題。在今日，能將光能轉換成電能的太陽能電池已經隨處可見。

請準備：
◆ 便利貼
◆ 太陽能計算機

在這項活動裡，你要測試太陽能電池在不同光源下的表現。

1. 撕下一疊便利貼（約 10 到 15 張），厚度要足以阻隔太陽能板接收光線。

2. 找一個晴天，在戶外打開太陽能計算機。鍵入幾個數字，確認數字清楚顯示在螢幕上。接著，用便利貼蓋住一半的太陽能板，等幾分鐘，觀察螢幕上的數字消失了嗎？如果沒有，請慢慢增加覆蓋面積，直到數字完全消失。如果數字在蓋住一半太陽能板時就已經消失，請慢慢增加太陽能板露出的面積，直到數字再度顯現。觀察室外陽光直射下，計算機需要多大面積的太陽能板才能運作？

3. 現在請移到室內並遠離窗邊，到只有人工光源（如電燈）的地方。重複前述步驟，觀察室內人工光源下，計算機需要多大面積的太陽能板才能運作？

4. 比較室外和室內的實驗結果，你認為陽光和人工光源的能量強度有何差異？你能想出其他方法，運用太陽能電池測試不同種類的光源嗎？省電燈泡和白熾燈泡比起來又如何？陰天時，會有多少光能受到阻隔？在昏暗的房間中，太陽能計算機還可以正常運作嗎？

究竟是什麼呢？這有點像是瞎子摸象，在不知道大象有多大，也不知道牠們有長長的鼻子，就宣稱「大象存在」。但是，既然沒親眼看見一頭真正的大象，也沒有大象的照片，甚至連一個腳印也沒有，你又怎麼能夠確定大象存在呢？

愛因斯坦把溶在水裡的糖比喻成在球池裡的孩子，藉此計算溶在水裡的糖分子大小。

「答案就在糖水裡」愛因斯坦在論文中這麼寫。將糖加入水裡時，溶液的黏滯性會發生變化。所謂黏滯性，只是「在液體中移動的難易程度」的另一種表達方式，例如焦油黏滯性很高，水則否。水在加糖之後，黏滯性會提高；加得愈多，黏滯性愈高。想想楓糖漿和水的差異就不難明白，畢竟楓糖漿基本上就是超濃糖水。

但是，黏滯性和糖分子的大小又有什麼關係呢？我們可以想像有個擠滿孩童的球池，小球是水分子，孩童是糖分子。球池裡的孩童愈多，你就愈難從一側移動到另一側。如果你設法通過有十個及三十個孩童的球池，然後比較你在兩個球池裡的移動速度，並透過一些複雜的數學計算，就可以得出這些孩童平均的身材。

愛因斯坦在論文中，根據其他科學家的實驗數據計算，算出糖分子的直徑為 0.000000099 公分。後來的研究證明，他的計算結果完全正確。

愛因斯坦當時尚未取得博士學位，他不僅將這篇論文投稿到《物理年

鑑》，還當成博士論文提交給蘇黎士大學。蘇黎士理工學院並不授予博士學位，所以他成為蘇黎世大學阿弗雷德·克萊納教授的博士生。教授第一次看到愛因斯坦的論文時，認為論文篇幅太短而直接退件。於是，愛因斯坦添加一則解釋（只有一句話）然後重新提交。這一次，教授接受了，他在 1905 年 8 月正式成為「愛因斯坦博士」。

第三篇論文：原子存在

愛因斯坦提交探討原子大小的論文之後，他又用短短十天完成了另一篇論文，證明原子確實存在。在這篇論文中，愛因斯坦沒有憑空提出嶄新理論，而是運用一種在當時還很神祕的著名現象來解釋他的推論，那就是「布朗運動」。

布朗運動來自英國植物學家羅伯特·布朗的觀察。1828 年，布朗用高倍數顯微鏡觀察懸浮在水裡的花粉時，發現這些微小顆粒似乎會移動。它們似乎沒有特定規律，而是以不規則方式來回曲折的隨機移動。為了證明它們不是靠自己的力量運動，也就是它們不具生命，布朗用沙子、玻璃和金屬的微小顆粒重複實驗，發現這些微粒也都會動。看來有某種東西推動微粒，但到底是什麼呢？

愛因斯坦認為答案就是原子與分子，它們在看似靜止的液體中推動那些固體微粒。他在論文中解釋，由於原子一直在運動及相互碰撞，偶爾出現一

個運動特別快的原子，或是一組朝同方向運動的原子時，就會撞擊微粒使其出現移動。

　　想像一下，你現在站在一個封閉的房間中央。有四十個人與你同在這個房間裡，而他們每個人都朝著四面八方不同的方向移動。有的人走，有的人跑，而且你們全部都矇著眼睛。如果有人撞到你，你就會被撞往另一個方向。隨時都可能有人從任何方向碰撞你，於是你自然會以不規則方式來回曲折的隨機移動。

　　統計學（機率）是愛因斯坦論證的關鍵所在。既然布朗運動是因為微小顆粒被周遭原子從各方向撞擊而產生的隨機移動，愛因斯坦透過估計原子的質量及可能的運動速度，藉此算出每個原子在撞擊時會產生多大的「推力」。你只要測量粒子實際移動的距離，就可以驗證他的理論。

　　愛因斯坦運用熱力學計算液體中原子或分子的動能。這是一個相當複雜的課題，不過愛因斯坦計算出：室溫下一個直徑 0.0001 毫米的微小顆粒，在水中每分鐘移動距離約為 0.006 毫米。然後，他做了一個結論：「這個問題的答案對於熱理論實在太重要了，讓我們期待很快就會有研究者成功解答這裡提出的問題。」他等於是在說：「我已經把答案告訴你們囉。接下來，就靠你們用實驗來檢驗它吧！」

　　後來真的有人做到了。1908 年，法國物理學家尚·巴蒂斯特·佩蘭想出一個方法，可以用來檢驗愛因斯坦計算的數字。佩蘭說：「從第一次實驗開始，結論就已經顯而易見……驗證到的位移結果近似於愛因斯坦的方程式。」

　　1949 年，物理學家馬克斯·玻恩回顧愛因斯坦的論述：「愛因斯坦的研

究比任何其他研究更能說服物理學家——關於原子和分子真實存在、熱的動力學理論，以及自然定律裡的機率基礎。」

第四篇論文：狹義相對論

米歇爾·貝索與安娜·溫特勒，攝於新婚後不久，1898 年。照片來源：Besso Family, courtesy AIP Emilio Segre Visual Archives

愛因斯坦在 1905 年投到《物理年鑑》的第四篇論文，題目是〈論運動物體的電動力學〉。現今，它更廣為人知的名字是「狹義相對論」。這篇內容看似違背常識的論文，卻引發了一場不折不扣的物理學革命。

直到提交論文的五週前，愛因斯坦依然對他所探討的現象苦思不解，在下班回家的路上，他告訴貝索很可能得放棄這個理論。然而，隔天一早他就在貝索家門口等著，興奮的說：「真是謝謝你！我已經澈底解決這個問題了。」原來昨天的那場討論，意外觸發了愛因斯坦的靈感，讓他當晚就想到答案。經過五週不眠不休的撰寫與修改後，愛因斯坦把論文交給米列娃檢查數學計算，然後倒在床上足足休息了兩週。

這篇論文涉及的理論很複雜，但是所根據的兩項基本假設卻不難理解。第一項假設源自牛頓在兩百多年前提出的運動定律（參閱本書第 25 頁），稱為「相對性原理」，在所有相對等速運動的參考系中，都適用相同的物理定律。

根據牛頓物理學，如果你坐在一列拉上窗簾並以等速前進

的火車上，你將無法判斷火車是否在移動。這時你往上拋一顆球，球會落在車廂地板上，和在軌道旁拋球時完全相同。

第二項假設則是「光速不變原理」。對於在等速前進火車上的人來說，觀測到的光速約為每秒 30 萬公里（更精確的說，是每秒 29 萬 9,792 公里）；對靜止站立在軌道旁的人而言，觀測到的光速也會完全相同。

咦，等一下⋯⋯對於站在軌道旁的人來說，火車上的光不是應該會移動得更快嗎？按照牛頓物理學，如果火車以時速 80 公里的速度行駛，車上的人將一顆球以時速 50 公里的速度向前擲出，那麼從站在軌道旁的人眼中看來，球會以每小時 130 公里（80+50）的速度移動。

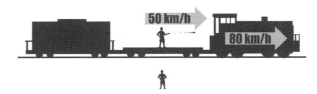

同理，如果火車每秒 8 萬公里的高速行駛，車上有個人朝前方打開手電筒，這時光線會以每秒 29 萬 9,792 公里的速度從手電筒發出，那麼從站在軌道旁邊的人眼中看來，手電筒的光不是應該會以每秒 37 萬 9,792 公里（299,792+80,000）的速度移動嗎？

邁克生—莫雷實驗（1887 年）

「邁克生—莫雷實驗」被認為是物理學史上最偉大的「失敗」實驗之一。長久以來，科學家都認為光是一種波。既然海浪必須藉由水傳播、聲波必須藉由空氣傳播，物理學家認為光波也必須藉由某種「介質」來傳播。

這種「介質」究竟是什麼呢？雖然科學家們看不見也摸不到它，但相信它必然存在，而且充斥於宇宙的每個角落。它必定是理想剛體，才能以如此高的速度傳遞光波；但它又必定毫無黏滯性，所以完全不會阻礙其他東西（無論是你、我，或你家小狗）的移動。科學家把這種介質命名為「以太」。

美國科學家亞伯特・邁克生和愛德華・莫雷精心設計出一個實驗，來證明以太是否存在。

首先，他們認為如果以太存在，那麼地球繞太陽公轉時的運動速率（每秒約 30 公里）會對光速造成影響。當光與地球運動方向相同時，所測量出的光速會大一些；當運動方向相反時，所測量出的光速就會比較小。因此，只要地面上測量不同方向光線的行進速度，如果測得光速有所不同，就是以太存在的有力證據。這就好比一艘在海中航行的船，相較於逆波而行，順波而行時遭受波浪衝擊的頻率自然較低（較慢）。

邁克生和莫雷發明一種能將光束一分為二的裝置，用鏡子將兩束光以直角（垂直）相互反射，最終讓它們返回同一個點。如果這兩束光在以太中以不同方向傳播的速度不同，那一定是地球在以太裡的運動所造成。

然而，光束的速度並沒有不同。

無論他們做多少次實驗，兩道光束似乎都是同時返回。他們以為自己的實驗有錯誤，但實驗結果其實根本沒有錯，錯的是他們一心只想證明以太確實存在。「以太必然存在！」在 1800 年代末，當時幾乎所有科學家都是如此深信不疑。

多年後，當愛因斯坦的狹義相對論被普遍接受，物理學家將「邁克生—莫雷實驗」視為被誤解的成功。

你相信嗎？我們在廚房裡就能計算出光速哦！

請準備：

◆ 微波爐
◆ 兩個紙盤
◆ 一大塊長約 13 公分的巧克力
◆ 尺
◆ 計算機或電腦

微波爐的原理是用電磁輻射（微波）加熱食物。就像光所有的形式一樣，微波也有波長。波長是兩個波峰之間的距離。

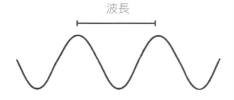

波長

我們只要用微波爐加熱巧克力，就能找出微波的波長。實驗開始前，先移除微波爐內的旋轉盤，並將紙盤倒過來蓋住中間的旋轉軸。這樣巧克力在加熱時就不會旋轉。

巧克力拆掉包裝後放在另一個紙盤上，盤面朝上，疊在第一個紙盤上。

關上微波爐門，用高溫加熱 25 秒。當你取出巧克力時，應該會看到巧克力表面有兩個融化點。用尺測量兩個波峰之間的距離是幾公分，並將結果與本頁下方答案做比較。

現在，請在微波爐背面找一下這臺微波爐的震盪頻率。多數微波爐的頻率是 2.45GHz，意思是這種波每一秒上下重複 2,450,000,000 次週期。打開計算機或電腦（電腦比較好，因為有些計算機容納不下這麼多位數），用波長乘以這個天文數字所得到的結果，就是微波一秒鐘走過的距離（公分）。

接著將公分換算成公里。先除以 100，換算成公尺（1 公尺等於 100 公分）；然後再除以 1,000（1 公里等於 1,000 公尺），這就是光每秒鐘所行走的公里數。

你的計算結果是否接近每秒 29 萬 9,792 公里呢？你能想到改良實驗的辦法，用於未來的測試嗎？

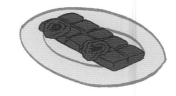

解答：多數微波爐的實驗結果約為 12.2 公分。

愛因斯坦第一次提出他的方程式時，寫的並不是「$E = mc^2$」，而是「$m = L/V^2$」。科學家一向用字母「m」表示質量、「L」表示能量，而愛因斯坦是一直到1912年，才用「E」表示能量。他還把用來表示光速的「V」改為「c」。「c」就是拉丁文「celeritas」，意思是「迅速」。如果你略懂代數，就能夠把方程式「$m = E/c^2$」，轉換成今天廣為人知的方程式「$E = mc^2$」。

愛因斯坦認為，事實並非如此。無論你在火車上或鐵軌旁，觀察到的光速會完全相同。換句話說，著名的「邁克生—莫雷實驗」（參見第56頁的專欄介紹）並不是個失敗的實驗。雖然兩位科學家自己並沒有察覺，但他們其實已經成功證明光的基本性質——光速恆定不變。

關於狹義相對論更深入的內容，下一章會做詳細的解釋。在這裡，我們暫且停下來想想，愛因斯坦提出澈底顛覆以往科學界認知、掀起巨大波瀾的理論，靠的是自己一個人坐在專利局辦公桌前，不斷的思考、演算及尋找正確答案呢！

在這篇長達31頁的論文中，沒有引用文獻或其他學者的數據，只有在結尾處特別向貝索致上謝意：「最後，我要提到我的朋友兼同事貝索，在我研究本文所討論的問題時，他總是堅定的給予支持，感謝他提供的一些寶貴建議。」

第五篇論文：$E=mc^2$

愛因斯坦在1905年投稿到《物理年鑑》的最後一篇論文，主題是質量與能量。就像法拉第以一個核心理論結合磁與電，當時被視為兩個不相關的東西，愛因斯坦也用一條方程式描述能量與質量之間的關係——能量等於質量乘以光速平方。

當時的物理學家才剛發現放射性，對它還不是很了解。鐳元素本身怎麼

能夠產生這麼多能量？雖然愛因斯坦在這僅有三頁的論文裡沒有具體的回答，但是他的質能轉換方程式最終會用在解釋這個問題。

愛因斯坦推導出的方程式來自於他的狹義相對論。當他反覆的演算他想出的等式時，他注意到這些等式對於物質的本質透露出一些嶄新的見解。正如他在論文裡所寫：「物體的質量就是其能量內容的衡量。」能量與質量不僅是同一事物的不同表現，而且兩者具有可換性。愛因斯坦也提出一條方程式來描述這件事。

因為對自己的發現感到驚訝，愛因斯坦寫了一封信給哈比希特。他寫道：「沉思是一件饒富趣味而引人入勝的事，但我不知道上帝是不是在嘲笑我

$E = mc^2$

如果只看愛因斯坦著名的方程式，可能難以想像，某個數量的物質如果完全轉換為能量，那究竟是多少能量。但是，只要一點數學和料理秤，你就能測量紐約市一整年的電力需求。

請準備：
- 計算機
- 有公制單位的料理秤

首先，請看以下兩則資訊：
- 根據愛因斯坦的方程式，1公斤的質量相當於 250 億度的電力。
- 根據聯合愛迪生能源公司的資料，紐約市和鄰近的西卻斯特郡（人口大約為 8,400 萬人），2010 年的用電量大約是 600 億度。

請用計算機算出紐約市需要多少公斤的質量，才能取得一年的用電量（答案在本欄下方）。

現在，用料理秤量出這個數量的物質。如果你沒有秤，也可以翻一下廚櫃，查看一下食物的包裝標籤，你應該可以找到一包重量大約相同、常用的固體烹調材料。

算出答案後，你有沒有感到很訝異呢？

解答：600 億度 ÷250 億度/公斤 =2.4 公斤。大約相當於 2.4 公斤，比常見的一袋糖或麵粉重一點。

的思考，而牽著我的鼻子走。」

愛因斯坦在他的科學家生涯中，一向喜歡為看似複雜無比的問題，找到簡單又優雅的解答。例如描述質量與能量關係的方程式就是如此簡潔，因此他確信自己一定是正確的。

一如他那篇關於布朗運動的論文，愛因斯坦在這篇論文裡也提出一個方法，以證實他的理論正確。答案就在「所含能量變化極大的物體」裡，例如鐳鹽。根據他的計算，226 克的鐳如果靜置一年，質量會減少 0.000012 克，因為這些質量已經轉化為放射性能量。可惜，當時沒有實驗室有如此精細的度量衡，因此無法檢驗這個理論。

不過，愛因斯坦的方程式透露一件事：如果這條方程式是真的，那麼即使是非常微小的質量，只要乘以光速平方，就會變成非常巨大的能量。這種質能轉換關係能夠解釋太陽的能量來源，也促成了日後原子彈的研發。

坐困專利局

在物理學界享譽國際的期刊發表五篇革命性的論文後，愛因斯坦原本以為將會獲得科學領域的注目，結果卻不如預期。他們對於狹義相對論有何看法？他的妹妹瑪雅後來提到：「他以為會出現犀利的反對聲音和最嚴厲的批判，但是結果讓他非常失望，論文發表後，竟是一片冰冷的沉默。接下來幾期的期刊完全沒有提到他的論文，少數專業人士則抱持觀望的態度。」

於是，愛因斯坦只好繼續等待。還有，繼續寫論文。1906 年 4 月，哈勒把他升為二等技術員，並且加薪。雖然愛因斯坦覺得灰心，但是此時的他留在伯恩寫寫筆記，而不是以大學教授的身分備課，或許反而是好事一件。1906 年，他又寫了六篇論文。

1907 年 11 月，愛因斯坦腦中突然靈光一閃，浮現他所說的「這一生中最幸運的想法」：

當時我坐在伯恩專利局的椅子上，突然想到：如果一個人像自由落體般墜落，他並不會感覺到自己的重量。當時我真是嚇了一大跳！這個簡單的想法深深烙印在我的腦海，將我推向一個嶄新的重力理論。

此時，愛因斯坦已經接近一個重要時刻。他把這個發現命名為「等效原理」，也就是「重力」與「加速度」本質上是完全相同的東西。這個「人從建築物墜落下來」的幸運想法，最終將引領他完成「廣義相對論」，用於描述所有運動類型的物體，而不再局限於等速直線運動。愛因斯坦依然持續不斷撰寫論文，截至 1910 年為止，他在各種物理期刊發表的論文累計有二十多篇。

1908 年，愛因斯坦應徵一份高中數學老師的工作，但是沒有被錄取。事實上，他甚至沒有進入決選名單。後來，在蘇黎士大學物理學系主任克萊

愛因斯坦第一次講學的伯恩大學。

納的敦促下，愛因斯坦終於在 1908 年 2 月，開始在伯恩大學擔任兼職講師。這份工作是大學裡最低階的教學職位，授課對象是願意報名並支付學費修習他的課程的學生。

　　然而，愛因斯坦開設的第一門課程，報名的學生非常少，一共只有三個學生來上課，其中有兩個學生是他認識的人——貝索和海因利希・申克，這兩人都是他過去在專利局的同事。有時候，他的妹妹瑪雅也會來聽課。她當時正在就讀大學。不過，如果愛因斯坦未來想要成為一名教授，就需要證明他可以勝任教學工作。

　　有一次，鼓勵愛因斯坦應徵講師工作的克萊納來聽他講課。那一堂課只有一個學生，愛因斯坦不但緊張，講課也沒有條理。下課後，克萊納靜靜的離開課堂，對於這堂課沒留下太深刻的印象。

Chapter 3

狹義相對論

愛因斯坦寫下「狹義相對論」時，科學界理解相對論的人非常少，相信它的人更少，少到甚至有人拿它來編笑話。

身為讀者的你，或許也是第一次閱讀他的理論，如果你覺得它聽起來有一點瘋狂，請不必擔心——你絕非特例。即使是當時最頂尖的物理學家，也是歷經好多年以後才確信愛因斯坦是對的，因此你不需要太過勉強自己。

本章的目的是陪伴你一步步認識狹義相對論。你不一定需要完全信服這個理論，甚至不妨保持懷疑的態度。在後面的篇幅中，我們會介紹印證愛因斯坦理論的實驗。

特殊在哪裡？

「狹義相對論」的英文是「Special Relativity」,「Special」一詞有「特殊」或「特定」的意思。你或許會感到疑惑,這個理論究竟為什麼「特殊」呢?

事實上,愛因斯坦一開始只關注一種運動,也就是等速直線運動。這種運動方式就像是火車沿著軌道行駛,而且這列火車不搖晃也不轉彎、不減速也不加速,就這樣一直行駛下去;如果你拉上窗簾而看不見外面,甚至無法判斷火車現在是處於運動或靜止狀態。這個理論只適用於這種「特定」的情況。說實話,生活中很少有東西是用這種方式運動。

沒錯,愛因斯坦在寫狹義相對論時,選擇了最簡單、最基本的運動型態(在第 5 章會介紹「廣義相對論」,這個理論能夠涵蓋其他所有運動型態)。他最初甚至沒有用「Special」一詞來為他的理論命名,直到他寫廣義相對論時,才開始使用狹義相對論一詞。

「相對」才是重點

那麼,愛因斯坦所說的「相對」,指的又是什麼呢?他說,一個物體的運動,只能藉由相對於另一個物體的情況來描述。讓我們延續火車的例子吧。關上窗簾時,我們無法判斷車廂目前是否在移動,但如果拉開窗簾,就會看到窗外飛馳而過的景色——這表示,你正相對於下方地面在運動。

現在，我們來進行第一個想像實驗。

 想像實驗
穿越太空

　　想像你在一個太空艙裡，而且這是一個球形太空艙，沒有前端、後端之分。太空艙的引擎已經關閉，所以你目前並不處於加速狀態。你已經遠離地球，遠到看不到任何行星、恆星或銀河。暫且別管你是怎麼來到這地方的，反正你身在這裡。現在，請問問自己：「這個太空艙處於運動狀態嗎？」如果你的答案為「是」，你是怎麼知道的呢？

　　再想像一下，這時你看到窗外有另一架球形太空艙交錯而過。究竟是你的太空艙在運動、是另一架太空艙在運動，又或者兩架太空艙同時都在運動？你又是怎麼知道的？

　　愛因斯坦認為，所有的運動都是相對的。這不是一個新觀念，牛頓也曾提出同樣的主張。但是，愛因斯坦的主張之所以獨特，是因為他說宇宙裡沒有任何一個「絕對靜止」的地方。

　　許多物理學家相信，以太就是處於絕對靜止狀態（傳播光所需的神祕介質，請參閱第 56 頁）。宇宙是一片廣大的以太汪洋。我們在以太裡航行，四面八方都是光波。

　　然而，愛因斯坦認為這是錯的。以太根本不存在，所以運動只能由兩個「參考系」彼此之間的關係來定義。在上面這個想像實驗中，第一個參考系是

你的太空艙（A 艙）。第二個參考系是另一架太空艙（B 艙）。當你往窗外望，看到 B 艙經過，是哪一架太空艙在移動？

你可能以為是你靜止不動，而 B 艙飛過。

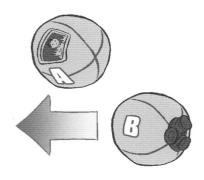

你可能以為是 B 艙靜止不動，而飛行的是你所在的 A 艙。

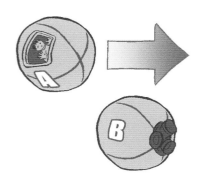

又或許，你以為你們雙方都在移動。

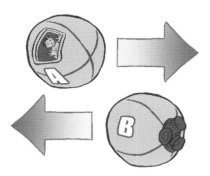

事實上最好的說法是——A 艙和 B 艙這兩個參考系相對於彼此在運動。

正如你在想像實驗裡看到的，或者應該說是想像到的，若不使用兩個參考系，根本難以（其實是根本不可能）描述運動。一如你接下來將要看到的，如果缺乏參考系，連時間的觀念都會變得難以描述。

相對運動

你不必上外太空，也能觀察相對運動。下一次，當你搭乘在高速公路上行駛的車子時，可以試試這個實驗。

請準備：

◆ 大人開車
◆ 乘客座椅可以傾斜的車子
◆ 長而平坦的公路

進行這項活動最理想的地點，是遠離城市的高速公路或多車道公路，車窗外看不到高聳的建築、橋梁、樹木或街燈。

坐進乘客座後，當車子行駛時，請你看看周圍。你能肯定的說出你移動的方向嗎？回答這個問題時，答案要具體，例如：你在移動，而且是相對於什麼在移動？

繫好安全帶，把座椅放平，一路平躺在座位上。要進行這項活動，你觸目所及應該只能看到車窗，以及偶爾在鄰近的汽車和卡車。看不到樹木、建築物，也看不到橋梁。

試著忽略車子的震動和顛簸，試著忘記你自己身在一輛行駛於公路的車裡。全神貫注於你所看到車窗外經過的車輛。描述你所看到每輛車的運動，同樣的，以其他的車子與你的相對方向，來描述你的運動方向。你可以問自己以下這些問題：

1. 根據你所看到的，如果其他車子是從車頭移動到車尾，那麼這是你的車在向前運動，還是其他車子在向後運動？

2. 如果其他車子從車尾移動到車頭，那麼這是你的車在往後退，或是其他車子在往前進？

3. 如果其他車子看起來和你並行，你能說你在運動嗎？

事情是什麼時候發生的？

假設你在某個下雨天待在屋子裡，透過窗戶望著前方庭院裡的樹。突然間眼前一亮，一道閃電擊中了樹。第二天，你告訴朋友你所看到的景象，而朋友問你，「什麼時候發生的？」你記得當時你看了時鐘，於是回答，「下午4點02分。」

但是，雷擊真的發生在下午4點02分嗎？又或者，這只是你的判斷？閃電打下來時，你抬頭看見時鐘顯示的時間是下午4點02分。閃電發生的那一刹那，時鐘指針剛好停在這個位置，所以你判斷這就是雷擊發生的時刻。

但是，愛因斯坦不會同意你的說法。他會說，你無法證實兩個事件同時發生。你對「同時性」的認知，是相對於你的參考系而來的。愛因斯坦在他關於狹義相對論的論文裡，是透過一個想像實驗來解釋這項概念。

想像實驗
同時性

假設你站在鐵軌旁邊，這時有一列火車高速疾馳而過。有個人站在火車中間，和車頭和車尾的距離相同。當火車上的人經過你站的地方時，正好有兩道閃電分別擊中車頭和車尾旁邊的地面。

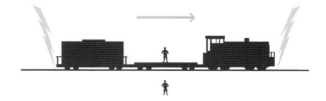

與兩道閃電等距離的你，會看到閃電同時落在地面上嗎？換句話説，閃電看起來是同時發生的嗎？

現在，想一想從火車上那個人的視角來看，閃電是同時出現的嗎？請注意：閃光傳到他那裡的時間，快速行駛的火車已經向前移動一段距離。

根據愛因斯坦的理論，關於閃電是否同時擊中火車前後地面，你和火車上的人看到的並不相同。對於你來說，你處於兩個閃電擊中處等距離的位置，兩道閃電在同一瞬間出現後，以相同光速傳播相同距離，所以你會看到兩道閃電同時發生。

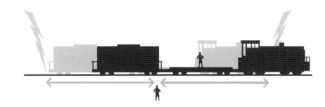

然而，火車上那人觀察到的和你不同，他會先看到車頭的閃電，然後才看到車尾的閃電。這是因為閃電發生時火車正在高速前進，光線傳到他所在位置的時間裡，他已經更接近車頭閃電擊中處，而離車尾閃電擊中處較遠。

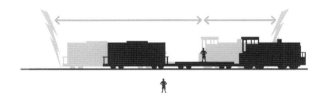

時間與運動

愛因斯坦的「同時性」想像實驗告訴我們，分屬不同參考系的兩個人，不可能有一致的時間觀念。不僅如此，他還有一些聽起來更奇怪的主張。根據狹義相對論，分屬不同參考系的兩個人，對於時間的長短也會有不一致的看法。也就是說，對這個人而言的一小時，不一定和另一個人的一小時一樣長。

想像實驗
時間膨脹（一）

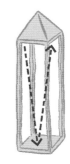

想像有一種非常特別的時鐘，它是用光來計時。這個「光鐘」裡有一束光，在上下兩面鏡子之間來回反射。

由於光速恆定，再加上兩面鏡子之間的距離可以測量，所以你可以用光在鏡子之間的往返次數來計時。如果鏡子相距 1 公里，當光束反射 29 萬 9,792 次時（也就是傳播了 29 萬 9,792 公里），你知道時間已經過了 1 秒。

現在，想像你帶著「光鐘」搭火車。你上車坐定並把時鐘放在大腿上，就你來看，無論火車移動速度有多快，時鐘都是以同樣方式在運作，沒有任何奇怪之處。但是，當火車疾馳而過時，從站在鐵軌旁的角度來看，情況又是怎麼樣？

光線離開頂鏡並抵達底鏡時，底鏡已經隨著火車向前

移動；光線從底鏡反射並到達頂鏡時，頂鏡又已經向前移動。那麼，站在鐵軌旁邊的人會怎麼描述光的路徑呢？

愛因斯坦看著「光鐘」裡光束所產生的鋸齒形軌跡，注意到兩人觀察到的光行進距離並不相同。從火車上的你眼中看來一切都很正常，每次反射等於鏡子之間的距離；但是從軌道旁邊的人來看，反射路徑卻比較長。

既然對所有人來說光速都一樣（請務必記得，光速是恆定的），那麼對站在軌道旁邊的人來說，觀察到的單次反射耗費時間就會更長。也就是說，站在鐵軌旁的人，時間會過得比火車上的人還快……當然，這是從軌道旁視角所觀察到的現象。

這些話聽起來很奇怪嗎？那你一定要試試下一個想像實驗：

想像實驗
時間膨脹（二）

回想一下「穿越太空」想像實驗。在那個實驗裡，你無法斷言是哪一架太空艙在移動，你只能說它們相對而言在移動。現在，把這項知識應用於火車和「光鐘」。想一想：

1. 如果現在「光鐘」是在軌道旁邊的人手上，那會怎麼樣？
2. 如果你在火車上，當火車經過一個拿著「光鐘」的人，光的路徑會是什麼樣子？看起來會更長嗎？

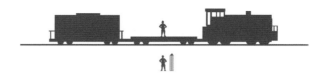

你可能已經猜到，從火車上看時，光的路徑看起來會更長。而且，根據第一個時間膨脹的想像實驗，對於火車上的人來說，時間過得比軌道旁的人快。

你可能在想，為什麼在這兩個想像實驗裡，觀察者的時間都更快。答案很簡單，因為時間是相對的。即使觀察者換了，「光鐘」相對於觀察者的位置還是完全相同。

狹義相對論帶來的影響

當愛因斯坦確定時間的測量是相對的，他就知道，其他空間的測量也會依照觀察者的運動而受到影響，例如：距離和質量。

這就是愛因斯坦的狹義相對論開始跨進繁複數學的開始，這些數學計算比你目前在學校課堂上學到的還要複雜許多。如果你對於這些數學運算式非常有興趣並感到好奇，可以查閱相關書籍，或是找一個數學天才。不過，對於現階段的你來說，能否理解那些數學運算式並不重要，重要的是，你要理解愛因斯坦到底在計算什麼。

快速運動中的物體長度看起來較短

　　愛因斯坦在狹義相對論中指出，當一個靜止的觀察者測量運動速度非常快的物體時，在觀察者眼中，也就是相對於觀察者而言，物體的長度看起來會比它靜止時更短。例如一列火車以接近光速在車站呼嘯而過，看起來會比停在車站裡的同一列火車短。愛因斯坦稱之為「長度收縮效應」。

　　這裡要記住的關鍵詞是「看起來」，因為愛因斯坦並不是說快速行駛的火車比較短，而是從觀察者的角度來說。還有，請務必記住一點──所有的運動都是相對的，因此對於一個身在快速行駛的火車上的人來說，車站會比火車停在車站時看起來更短。

　　根據愛因斯坦的計算，物體移動得愈快，看起來就愈短，一直到以光速移動時，長度為零。不過，愛因斯坦不相信這種狀態會發生，並不是因為物體的長度不能為零，而是因為物體以接近光速運動時，質量呈現不一樣的現象。

快速運動物體的質量會增加

　　愛因斯坦除了提出物體隨著速度增加而長度變短，更驚奇的是，他認為物體的質量也會增加。沒錯，同樣一列火車，以接近光速經過車站時的質量會大於停在車站時。如果你有秤，可以用來測量火車飛馳時的質量，那麼秤上頭會顯示火車的質量隨著奔馳速度而增加。如果根據這種主張進一步推論，火車以光速行駛時，其質量將會無限大。

　　但是愛因斯坦認為，這種事不可能發生，在已知的宇宙裡，速度有其極

限，而那個極限就是光速。當然，無論是什麼火車、甚至連太空船都不可能以接近光速運動，因此我們無法驗證這個理論。然而，今天的物理學家可以用粒子加速器，讓部分原子以接近光速運動。這時，物理學家發現，粒子的質量確實會增加，再次證明愛因斯坦是對的。

物體快速運動時，時間會變慢

最後，一如在「時間膨脹」想像實驗裡所說，當物體快速運動時，從靜止的觀察者看來，物體內部的時鐘看起來比較慢。根據數學公式的推算，當物體達到光速時，時間將完全停止，至少從靜止的觀察者來看是如此。愛因斯坦認為，這是物體不可能以光速行進的另一個原因。

 想像實驗
雙胞胎悖論

假設有一對同卵雙胞胎，兩人在同一天出生。其中一位是太空人，奉命前往一個遙遠的星球執行任務，而另一位一直留在地球上的家。成為太空人的那個人以接近光速飛行並完成任務後，又以同樣的速度飛回地球。猜猜看，當這對雙胞胎再度重逢時，哪一位的年紀會比較老？

有人向愛因斯坦提出上面這個想像實驗的問題，而問題的答案比乍看之下複雜得多。你可能會回答「兩個人年紀一樣大」。畢竟，運動是相對的，當太空人乘坐太空船急速遠離靜止的地球，不就等於地球上的雙胞胎兄弟正急

速遠離靜止的太空船嗎？（正如第 65 頁「穿越太空」想像實驗中那樣。）

但是，愛因斯坦指出大家忽略的一點——太空船並非一開始就進行等速運動，而是必須經過加速才能達到光速。所以這個想像實驗不屬於狹義相對論的範疇，狹義相對論只適用於等速直線運動。這也是為什麼愛因斯坦在 1905 年時無法回答這個問題，他還需要再想一想。

遙遠的銀河與光速
·····················

愛因斯坦無法用實驗證明他的狹義相對論，畢竟他是一個世紀以前的人，對宇宙的了解顯然遠不如你。事實上，當他寫下他的理論時，他並不知道（當時根本沒有任何人知道）宇宙中還存在著其他星系。相較之下，你就幸運多了，只需要相關知識再加上一個簡單的想像實驗，就算你不是諾貝爾物理學獎得主，也可以解答「光速是否恆定」的問題。

想像實驗
Z 星球上的光速

想像你有個朋友住在 Z 星球，這個星球位於另一個遙遠星系，而且是在宇宙中離我們銀河系最遠的地方。現在，Z 星球正以接近光速的不可思議速度，快速遠離我們所居住的地球。現在，請想想以下問題：

1. 假設 Z 星球相對於你正以接近光速的速度遠離，這時你的朋友所觀測到的光

速，會跟你在地球上觀測到的光速有所不同嗎？

2. 如果你認為會有所不同，那麼跟地球相比，Z 星球上的光速是更快或更慢呢？

3. 假設現在 Z 星球變成朝著銀河系以接近光速疾馳，這會改變 Z 星球上觀測到的光速嗎？

4. 如果你認為 Z 星球相對於你改變運動方向會導致光速發生變化，那麼跟地球相比，Z 星球上的光速是更快或更慢呢？

5. 最後，假設你和朋友不曾見過面，對方不知道他所在的星球是離你愈來愈近或愈遠，甚至不確定銀河系是否存在。那麼為什麼 Z 星球的光速會取決於地球上的光速速度（相對於 Z 星球）呢？

正如你可能已經推論出來，這些問題的最終答案很簡單 —— 並不會。否則，難道朝向地球移動的行星會有「快速」光，而遠離地球移動的行星會有「慢速」光嗎？

這個能夠有效說明光速恆定的想像實驗，大抵上是基於一件你知道，但愛因斯坦不知道的事 —— 遙遠的星系確實存在，而且最遠的星系正以接近光速遠離我們所身處的銀河系。

愛因斯坦在 1905 年寫下狹義相對論時，假設「一列以光速移動的火車」，但是就他當時所知，並沒有任何物體能達到這樣的速度。直到 1924 年，愛德溫·哈伯才發現其他星系的存在（第 6 章會再詳細介紹），又經過許

多年後，天文學家終於發現宇宙中最遙遠的星系，竟然是以接近光速高速移動；當然，這是相對於我們所身處的銀河系而言。

關於狹義相對論，你學到了什麼？

讓我們重新回顧一下你在本章學到的東西：

◆ 光速恆定。

◆ 狹義相對論只適用於等速運動。

◆ 所有的運動都是相對的，你只能藉由兩個物體彼此的相對關係來加以描述。

◆ 兩個以不同速度運動的人，對於同一個事件的發生時點，會有不一樣的看法。

◆ 物體快速經過觀察者時，該物體看起來會比靜止時短。

◆ 物體快速經過觀察者時，質量會比靜止時大。

◆ 物體相對於觀察者的移動速度愈快，從觀察者的觀點來看，物體經過的時間好像就愈慢。

愛因斯坦在柏林的
辦公室。
照片來源：©Underwood &
Underwood/ Corbis

Chapter 4

不穿襪子的教授

「真正新奇的想法只會在一個人年輕時出現。

之後，人就會變得愈來愈老練、出名——以及愚蠢。」

——愛因斯坦與朋友海因里希·蒼格爾的對話，1917 年

弗里德利希·阿德勒收到蘇黎士大學的副教授職位聘書，他卻堅定的告訴校務委員會：「如果有機會請到像愛因斯坦這麼優秀的人來我們大學任教，那麼就沒有道理把這個職位給我。」阿德勒知道愛因斯坦也是這個職位的候選人，他真心覺得愛因斯坦比他更適合這個職位。阿德勒擔任克萊納教授的助理三年了，不過，他對政治學的興趣顯然比對物理學更濃厚。

阿德勒尊敬愛因斯坦的聰慧天才，於是，他選擇婉拒這份聘書，把大好機會讓給愛因斯坦。1909 年 2 月，克萊納聘請愛因斯坦擔任蘇黎士大學首位理論物理學副教授。雖然愛因斯坦的教學風格讓他有些憂心，不過他期待愛因斯坦熟能生巧，教學技巧會隨著經驗的累積而進步。

　　令人驚訝的是，愛因斯坦竟然拒絕了這份副教授職位。理由是，他有養家的壓力，而在專利局工作的薪水比大學給他的還多。但克萊納堅持希望能將他留下，於是說服校務委員會比照愛因斯坦在專利局的薪資敘薪。最終，愛因斯坦接受了這份教職。

受歡迎的教授

　　1909 年 10 月，愛因斯坦辭去專利局的工作，到蘇黎士大學任教。米列娃寫信給摯友海蓮娜・薩維奇，信中提到：「我無法形容這個變動讓我們有多麼快樂，亞伯特現在可以全心投入他心愛的科學，而且只有科學。」米列娃本身也很開心，她喜歡伯恩，但更喜歡蘇黎士。

　　愛因斯坦一家搬進穆松街 10 號的二樓公寓裡，就在大學上方的山丘上。公寓裡沒有電力，但是有煤氣燈，這點比在伯恩時進步 —— 在伯恩時，愛因斯坦是在油燈下寫作。然而，公寓裡的煤爐不時會發生故障。有一次，愛因斯坦在沙發上睡著了，煤爐開始洩漏出致命的一氧化碳。幸好，他的朋友蒼格爾正好路過，發現昏迷倒地的愛因斯坦，趕緊把他從公寓裡拖出來，救了

他一命。

　　搬到蘇黎士後不久，米列娃發現她又懷孕了。1910 年 7 月 28 日，他們的第二個兒子愛德華誕生。他們為他取的小名叫「德德」。愛因斯坦為米列娃代筆寫信給薩維奇：「我親愛的朋友！我很高興的告訴你，送子鳥給我們送來一個健康的小男孩。」然而，愛德華並不是個健康寶寶。他一生都受到疾病的折磨。對於米列娃來說，這也是一次艱辛的生產，她花了好一段時間才恢復元氣。

　　愛因斯坦則是樂在教學工作上。他通常會把講課內容寫在紙條或卡片上，如果有時不小心弄丟或找不到紙條，他會要學生在筆記本上留下一頁空白，等日後再回頭補筆記。

　　「我先生很滿意他的新工作。」米列娃寫信給薩維奇說：「比起在伯恩的辦公室工作，他更喜歡教學。他的聽眾比過去多很多，而且根據我的側面了解，他很受大家歡迎。」

　　這是真的。儘管愛因斯坦漫無條理，他的教學風格還是深受學生喜歡。他和其他教授不一樣，不僅鼓勵學生對他提問、甚至質疑，偶爾也會開些玩笑。每教到一個段落，愛因斯坦會停下來問學生有沒有聽懂，如果聽不懂，他會試著舉其他例子再解釋一次。他經常在課堂結束時問：「誰要一起去泰瑞莎咖啡館？」然後師生一同在咖啡館陽臺上，俯瞰著滙入蘇黎士湖的利馬特河，一邊喝著咖啡，一邊談論物理學，有時也談談政治或哲學。這樣的畫面就像從前的「奧林匹亞學院」，只不過人數更多。

　　愛因斯坦看起來真的不像一般教授。他穿的衣服經常是皺巴巴的，長褲

總是太短，因此大家很容易發現他很少穿襪子。大多數教授上課時都穿西裝、打領帶……而且有穿襪子。至於他那一頭雜亂的頭髮，讓人不禁懷疑他家到底有沒有梳子，即使有的話，應該從來沒使用過吧！

姑且不論愛因斯坦奇特的外表與教學風格，此時的他，已經開始得到物理學界的高度矚目。於是，布拉格的日耳曼大學（即今日知名的查理大學）與愛因斯坦聯繫，商討聘任他為教授的事。這一步，能讓愛因斯坦的專業職涯更上一層樓。但是，當愛因斯坦要被挖角、離開蘇黎士大學的消息傳開，物理系學生聯合起來簽署一份請願書，要求學校為愛因斯坦加薪以挽留他。最後，蘇黎士大學同意加薪一千法郎，並減少愛因斯坦的授課時數，讓他有更多時間致力於科學研究。

前進布拉格

儘管學生和校方努力挽留，但是愛因斯坦最後還是決定接受日耳曼大學的聘任。在那裡，他的職銜是教授（而不是副教授）、薪水是在蘇黎士的兩倍，而且還有一座優質的圖書館可供研究。他實在很難拒絕這個機會。

然而，愛因斯坦遇上了一些麻煩，因為人事資料顯示他「無宗教信仰」。當時，大學所有職位都必須經過奧匈帝國國王法蘭茲·約瑟夫一世的批准，這位國王堅持任何擔任公職的人都必須有宗教信仰——任何宗教信仰都好。為了得到這份工作，愛因斯坦不得說他信仰猶太教，雖然對他來說，

這間公寓的煤爐故障時，愛因斯坦面臨生死一瞬間。

猶太是血統，而不是宗教。

1911 年 4 月，愛因斯坦正式在日耳曼大學任教，但米列娃並不開心，她討厭布拉格。這裡的空氣充滿煙塵、水龍頭流出來的水夾雜著棕色汙泥，一家人因為擔心感染霍亂，不得不喝瓶裝水，睡覺時還得不時忍受跳蚤和臭蟲的侵擾。布拉格唯一贏過蘇黎士的地方，是愛因斯坦一家第一次有電燈可以用。

就算生活條件不算太糟，布拉格的社會氛圍依然讓人感到不舒服。在這座城市，德國人和捷克人之間有著明顯的文化隔閡。這座城市是由少數德國人所統治，這群德國人輕視捷克人。就連日耳曼大學也分裂成兩個獨立機構——理論物理學研究所隸屬於德國人就讀的德國大學；捷克人則就讀捷克大學。

就像大多數生活在布拉格的猶太人一樣，愛因斯坦是德國人，理應與德國人往來，但德國人普遍視猶太人為二等公民。對於放棄德國公民身分的愛因斯坦來說，處境更是極為尷尬。他在寫給貝索的信中提到：「我任職的機構與職位給予我很多快樂，美中不足的是，人們對我卻是如此疏離。」

在愛因斯坦一家人中，漢斯似乎是唯一一個享受在布拉格生活的人。他喜歡去莫爾道河，看著河水流過水閘和溢洪道時激起的一朵朵漩渦。多年後，他會成為河流沉積作用的專家。沉積物就是被流水沖刷出來，隨著水流變慢而沉澱在河床的土壤微粒。

愛因斯坦的學生不多，因此有時間潛心研究。在這裡，他重新追尋自己的理念，拓展相對論，並把重力納入其中。他提出了一個突破性觀點就是——光應該會受到重力的影響。

藍色的天空與紅色的落日

愛因斯坦曾在 1910 年的一篇論文裡，解釋「天空為什麼是藍色的」。這個現象被稱為「臨界乳光」，與分子散射有關。白光是由光譜中各種可見色光所組成，其中藍光的波長比紅光短，因此光線撞擊大氣層時，藍光較容易被散射出去。白天時，你所看到的就是這種散射藍光。

日落時分，陽光以斜角照射，穿越大氣層的路徑變長。隨著更多藍光散去，抵達地面的大部分是橙光和紅光。

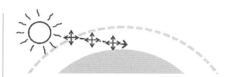

在這個實驗中，你要重建光線穿越地球大氣層時的散射現象，創造大白天的藍天，以及黃昏時分的落日紅霞。

請準備：

◆ 2 公升保特瓶
◆ 水
◆ 黑暗的房間
◆ 手電筒
◆ 滴管
◆ 牛奶

取一個 2 公升透明塑膠空瓶，去除瓶上的包裝膜，裝水至離瓶口約 2.5 公分滿後轉緊瓶蓋。在黑暗的房間裡，用手電筒照射瓶身，觀察從另一邊透出的光線顏色。此時，你應該會看到光線的顏色與手電筒的光線相同。

取下瓶蓋並滴入兩滴牛奶，重新轉緊蓋子並輕輕搖晃，讓牛奶與水混合均勻，這就像是正午時刻的「薄」大氣層。

現在，用手電筒照射瓶身，觀察另一邊透出的光線是什麼顏色？如果透出的光仍然是白色，請繼續加入牛奶，一次兩滴，直到光線變成藍色或近似藍色，並記錄牛奶添加的滴數。

最後，再次加入與前步驟相同滴數的牛奶，讓散射光線的牛奶分子數量增加一倍，創造出更「厚」的大氣層。現在，用手電筒照射日落時分的「厚」大氣層。這一次，光線會變成什麼顏色呢？

想像實驗
加速的電梯

　　想像你在一部電梯裡。這部電梯漂浮於太空，遠離任何會產生重力場的行星或恆星。電梯連著一條繩子，把電梯往上拉。由於太空裡沒有真正的上方或下方，這裡說的往「上」，指的是圖中你的頭部所在的那個方向。

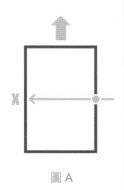

　　不同於之前與狹義相對論相關的想像實驗，這部電梯不是等速運動，而會加速。所謂「加速度」，是在描述速度的變化。比方說，你的運動速度本來是每秒約 3 公尺，然後依次加速到每秒約 3.6 公尺、4.2 公尺、4.8 公尺，以此類推。

圖 A

　　回到電梯裡面。這部電梯的一面牆上有一個針孔。當電梯飛越太空，有人從針孔裡照進一束光。如果電梯靜止不動，光束最後會打在針孔對面的牆（圖 A）。

　　如果電梯的速度很快，而且是等速運動，那麼從電梯內部觀察時，光線在打到對面牆面之前，會向下傾斜（圖 B）。這是因為在光到達對面的牆面之前，電梯已經向上移動。但是，如果前述的電梯在光穿過針孔時正在加速呢？在電梯裡面的你，又會看到光出現什麼樣的路徑？

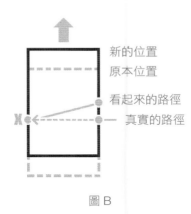

新的位置
原本位置

看起來的路徑
真實的路徑

圖 B

　　要回答這個想像實驗，最簡單的方法（如果稱得上簡單的話！）是把光的路徑分成四個部分。光線進入電梯的針孔處是 A。當光線朝向對面的牆壁射去時，會逐次經過 1 號線、2 號線、3 號線，最後打到牆面。

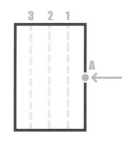

　　雖然說電梯的加速必須非常快才能看到這種情況，而光速是每秒 29 萬 9,792 英里，但是在這個想像實驗裡，我們還是可以想像把光的速度放到極慢，慢到我們可以看到它穿越電梯。當它通過 A 處的針孔進入電梯時，電梯的速度是每秒 10 公里，而當它到達 1 號線時，電梯已經加速到每秒 20 公里。因此，在這一束光的第一段旅程，電梯以每秒 10 到 20 公里的速度移動，姑且當它是平均每秒 15 公里。如果電梯以每秒 15 公里的速度移動，從電梯內部觀察，光束看起來是向下彎曲一個角度，在 B 點打到 1 號線。

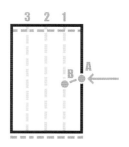

　　沒錯，這個解釋很複雜，請堅持下去！

光束現在離開 B 點，從 1 號線往 2 號線前進。當它離開 B 點時，電梯以每秒 20 公里的速度移動，但是在它通過 2 號線時，電梯已經加速到每秒 30 公里。於是，在光的第二段旅程，電梯是以每秒 20 到 30 公里的速度移動，而這一次，我們假設是平均每秒 25 英里，比之前的移動速度更快。這表示光在這一段旅程的路徑又會再稍微向下彎曲（從電梯內部觀察），到達 C 點。

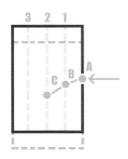

　　你看出一個規律模式了嗎？現在，當光在 2 號線和 3 號線之間行進時，電梯從每秒 30 公里加速到 40 公里，平均大約是每秒 35 公里——比起前一段更快。光束的路徑會再更往下傾斜！它在 D 點通過 3 號線。

最後，在光的最一段旅程，電梯從每秒 40 公里加速到 50 公里，平均速度為每秒 45 公里。路徑更向下傾斜，最終打在對面的牆壁。

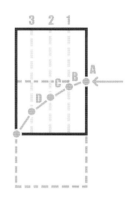

仔細看一下最後一張圖，以及光束行進的路徑。光的行進路徑看起來是直線嗎？不是。不過，這個路徑看起來是不是很熟悉呢？

你現在就可以馬上做個實驗。讓一顆球從桌面邊緣落下。觀察它從空中到地面的路徑。多試幾次。它落地的路徑是什麼樣子？

沒錯。球受到重力牽引的路徑，與光束通過加速電梯時所走的路徑相同。根據愛因斯坦的等效原理，重力與加速度是同一件事，因此穿過重力場的光束，表現應該會與穿過加速電梯時一樣。所以結論就是——重力應該會

「牽引」光，造成光的彎曲。

聰明的你，是不是覺得這也滿簡單的嘛！

眾星雲集

想像實驗是一回事，但是在現實世界中，我們要如何驗證愛因斯坦的理論呢？愛因斯坦凝望著太陽，這個在我們的太陽系裡質量最大、也是引力最強的物體。如果他的理論正確，那麼任何來自遙遠恆星的光，應該會在接近太陽的重力場時彎曲。地球上的觀察者或許能夠測定恆星是否「位移」。

可視位置

實際位置

根據愛因斯坦的計算與預測，恆星發出的光在穿越太陽時，應該會發生0.83 弧秒的偏折。他後來發現一個錯誤，修正後的估計值為 1.7 弧秒。所謂「弧秒」，是天文學家用來描述恆星位置的測量單位。愛因斯坦的意思是，當這顆恆星幾乎與太陽對齊時，看起來應該有微小的位移（1.7 弧秒大約是滿月直徑的千分之一）。這讓天文學家不必直視太陽，也能夠測量到這麼微小的距離。

不過，愛因斯坦也想出測量的辦法。那就是在月球位於地球與太陽之間這種極為罕見的情況下——也就是日食的時候，刺眼的太陽光線被阻擋的時間夠長，天文學家便可以在太陽周圍的天空看見星星。這時候拍下一張照片，再與一張沒有太陽時的星星照片做比較，這麼一來，答案就會揭曉了！愛因斯坦在 1911 年發表他的新論點，並在論文最後說：「如果天文學家能夠

探究我在這裡提出的問題，那將是最令我求之不得的事情。」畢竟，每隔幾年才會有一次日食。

第一個接受愛因斯坦所提出的挑戰的人是德國天文學家埃爾溫·弗羅因德利希。1912 年，他寫信給愛因斯坦，說他想要在下一次適合的日食時刻拍攝照片，他指的是兩年後——1914 年 8 月 21 日的日食，最佳的觀測地點是位於黑海的克里米亞半島。愛因斯坦對這個計畫非常熱衷，但是弗羅因德利希還有很多工作要做，他必須購買合適的設備，並找到這次長征之旅的贊助人或機構。

重力可以牽引光束，就像牽引球或任何其他物體一樣。這個想法聽起來有點瘋狂，就連當時只有八歲的漢斯也覺得懷疑。有一次，他問愛因斯坦：「爸爸，這裡只有你和我兩個人，沒有人會看到或聽到我們說話。現在你可以老實告訴我——這個相對論是不是全部都在胡說八道？」聽到這些話，愛因斯坦笑了。他很高興，兒子遺傳到他的懷疑精神。

1911 年 10 月，愛因斯坦受邀參加在比利時布魯塞爾舉辦的第一次索爾維會議，並在會議上發表論文。這個時候，全世界最頂尖的科學家也開始明白，愛因斯坦的理論並不是胡說八道。

部份出席這場會議的人，都遠比愛因斯坦大有來頭，例如之前提過的德國物理學家普朗克、荷蘭物理學家亨德里克·勞倫茲，以及英國物理學家恩尼斯特·拉賽福和居禮夫人等。這次會議的主題是「輻射和量子理論」。愛因斯坦是第二年輕的與會者，但是他在討論中絲毫不遜色。不過，當時最受注目的風雲人物並不是愛因斯坦，因為會議開始幾天後，就傳出居禮夫人因

為發現鐳和釙而獲得諾貝爾化學獎的消息。

回到布拉格後不久，愛因斯坦收到後來更名為「瑞士聯邦理工學院」的蘇黎士理工學院的聘書，希望聘請他擔任理論物理學教授，愛因斯坦沒有考慮太久就接受這份工作。他很高興得到這份教授職，米列娃也開心極了，他們的孩子也是。

1911 年索爾維會議。名字以藍字標示者為諾貝爾獎得主。坐者（由左而右）：**瓦爾特·能斯特**、萊昂·布里淵、恩尼斯特·索爾維、**亨德里克·勞倫茲**、埃米爾·沃伯格、尚·巴蒂斯特·佩蘭、**威廉·維因**（後傾者）、居禮夫人、亨利·龐加萊。站立者（由左而右）：羅伯特·戈爾德施密特、**馬克斯·普朗克**、海因里希·魯本斯、阿諾·索末菲、弗雷德里克·林德曼、**墨里斯·德·布羅意**、馬丁·克努森、弗雷德里希·哈瑟諾爾、喬治·霍斯特雷、愛德華·赫爾岑、詹姆士·金斯、**恩尼斯特·拉賽福**、海克·卡末林·昂內斯、**愛因斯坦**、保羅·朗之萬。照片來源：Photograph by Benjamin Couprie, Institut International de Physique Solvay, courtesy AIP Emilio Segre Visual Archives

重返蘇黎士

1912 年春天，愛因斯坦在搬回蘇黎士之前，去了一趟柏林。他有許多親戚都住在這座德國的首都城市，包括他的表姐艾爾莎·洛文塔爾。艾爾莎比愛因斯坦大三歲，離婚後，她帶著兩個十幾歲的女兒瑪歌和伊爾絲一起生活。她的個性外向、喜愛照顧別人，對科學則完全不感興趣——這點與米列娃截然不同。愛因斯坦在離開柏林之前，就已經愛上她。

索爾維會議

恩尼斯特·索爾維是比利時的化學家和商人，因為開發出小蘇打粉的新製程而致富。熱愛科學的他決定善用財富，邀集一流的人才齊聚一堂，彼此交流觀念、進行辯論。

第一次索爾維會議在 1911 年舉行，之後大約每三年舉行一次，除非因為戰爭而中斷，否則如期舉辦。每次會議都會挑選一個主題，通常是物理學或化學領域最具爭議性的主題。

重返蘇黎士的愛因斯坦一共參加過四次索爾維會議，分別是 1911、1913、1927 和 1930 年。在第一次會議的合影中（參見本書第 91 頁），他站在後排，前排坐著的都是物理學界的泰斗。但是到了 1927 年（參見本書第 114 頁），愛因斯坦坐到前排，與居禮夫人、普朗克同排而坐。

直到今日，索爾維會議仍持續舉行，只不過現在是按領域區分不同的場次，例如一場是物理學，另一場是化學。欲知更多相關資訊，可以查閱網站。

索爾維會議

會彎曲的光

你知道嗎？在家裡的臥室，就可以模擬重力對光的效應呦！

請準備：

◆ 一名大人的協助
◆ 舖著床單的大床墊
◆ 保齡球
◆ 毛巾（非必要）
◆ 網球（或是類似的輕量球）

用家裡最大的床來做實驗。在實驗開始之前，先把床上的東西全部移走，只留下包覆床墊的床單。為了實驗順利，床單要拉平收緊。乾淨的新床單最理想，因為皺摺較少，比較不會鬆垮垮的。

請大人幫忙，把一顆保齡球（或是類似的重物）放在床中央。請把球想像成「太陽」。（如果你擔心弄髒床單，可以把折疊的毛巾墊在「太陽」下方。）沉重的「太陽」應該會讓床墊中央凹陷。

接著，拿一顆網球（或其他輕量的小球）請把它想像成「光」。首先，沿著床墊的一邊滾球，盡可能遠離「太陽」。觀察它滾動時會改變方向嗎？

現在，試著讓「光」經過「太陽」，要非常靠近，但是不要直接撞到它。這一次，「光」會有怎麼樣的變化？

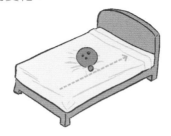

請研究一下，當光（網球）愈靠近太陽（保齡球）時，行進路徑有怎樣的變化。這項實驗的結果，如何對照愛因斯坦的日食實驗？

瑪里・居禮
(Marie Curie, 1867—1934)

瑪里・居禮（居禮夫人）是一位傑出的科學家，同時也是第一位獲得兩個不同領域諾貝爾獎的科學家，分別是 1903 年與她的丈夫皮耶・居禮共同獲得的物理學獎，以及 1911 年的化學獎。

居禮夫人出生於波蘭，原名瑪里・斯克沃多夫斯卡，她一開始是在華沙就讀大學，後來在 1891 年時移居巴黎。

1893 年，她從法國索邦大學畢業，並取得物理學學位，一年後又取得數學學位。她原本計劃在波蘭歷史悠久的克拉科夫大學工作，沒想到克拉科夫大學卻以拒絕聘請女性擔任學術職位為理由，使得居禮夫人無法順利獲得教職。於是，她回到法國，一年後與皮耶結婚。

居禮夫婦相當熱愛科學和騎單車。1898 年，他們一起發現放射性元素「鐳」和「釙」，並因此獲得

1903 年的諾貝爾物理學獎。居禮夫人是第一位獲得這個獎項的女性。但非常不幸的，三年後，皮耶在巴黎街頭因一輛馬車失控，就此與世長辭。

在 1911 年的索爾維會議上，居禮夫人第一次見到愛因斯坦。活動結束後，愛因斯坦寫了一封信給她：「我忍不住要告訴您，我有多麼讚嘆您的個人才智、充沛的活力和您的正直與誠實，能夠在布魯塞爾認識你，真是我莫大的幸運。」

愛因斯坦和居禮夫人一直維持著事業和生活上相知相惜的情誼。1913 年時，兩人還帶著各自的家人一起去瑞士和義大利健行度假。

1934 年 7 月 4 日，居禮夫人過世，死因是再生障礙性貧血。這種疾病是因她長期在實驗室接觸放射性物質所引起，因為當時人們還不清楚放射性物質會對人體健康造成

危害。

居禮夫人堅韌的生命力與毅力，是世人學習的典範。她留下的至理名言：「偉大的發現是準備工作日積月累的果實」、「天生我材必有用。無論有什麼阻礙，都應該讓你擁有的天賦開花結果」，也將永遠激勵後代研究者。

瑪里・居禮像。照片來源：Library of Congress Prints and Photographs Division（LC-DIG-ggbain-07682）

1912 年 7 月，愛因斯坦一家搬回蘇黎士。愛因斯坦在布拉格的助理奧托‧史登也跟著他來到蘇黎士。愛因斯坦下定決心，要破解廣義相對論之謎，而他需要各種幫助，尤其是在數學方面。這讓他想起他最好的幫手兼老同學格羅斯曼，此時格羅斯曼正在蘇黎士理工大學擔任數學系主任。愛因斯坦懇求格羅斯曼：「你一定要幫我，不然我要發瘋了。」格羅斯曼同意了，不過有一個條件——他不負責任何屬於物理學的部分。

　　格羅斯曼介紹愛因斯坦認識「張量微積分」，這是一種非常複雜的新型數學，不僅能用數學方法來描述三度空間，甚至是四度空間的彎曲幾何，也就是時空。那年秋天，愛因斯坦寫道：「我的人生到目前為止，不曾為任何事情如此苦惱。我對數學肅然起敬……與數學問題相比，原始的相對論只是孩子的遊戲。」

　　雖然愛因斯坦和格羅斯曼敲對了門、走對了路，但是當愛因斯坦在思考廣義相對論，並將腦中非常接近正確解答的想法記錄在後人稱為「蘇黎世筆記本」中時，卻錯誤的放棄使用數學方法。他甚至懷疑自己能否找出答案。

　　另一方面，愛因斯坦雖然對於艾爾莎產生情愫，卻也試圖結束兩人之間的關係。這段感情在將近一年的冷卻之後，1913 年春天，愛因斯坦收到一封從柏林捎來、由艾爾莎親筆書寫的生日道賀信，於是兩人又開始定期通信。這時，米列娃逐漸起了疑心，隱隱感覺到事情不妙。在愛因斯坦寫給艾爾莎的信中提到：「家裡洋溢著前所未有的陰森詭異，空氣是冷冰冰的一片死寂。」他變得更加沉默寡言，把原本陪伴家人的大部分時間，轉為全心投入研究工作中。

1913 年 8 月，還在計畫日食長征之旅的弗羅因德利希結婚了。9 月，他和新婚妻子來到蘇黎士附近度蜜月，除了來到此地觀光，也藉機拜訪之前從未見過面的愛因斯坦。兩人一見面就很投緣。白天愛因斯坦跟著這對新婚夫婦同遊，並在一路上討論相對論。

前往柏林

愛因斯坦一家搬到蘇黎士一年後，普朗克和化學家瓦爾特・能斯特來訪。他們帶來一份超級大禮——來自歐洲最著名的科學機構「普魯士皇家科學院」的職缺。如果愛因斯坦搬到柏林，就可以獲選進入學院、得到柏林大學的教授職（不過沒有學生，除非他想要收學生），並擔任威廉大帝物理學研究所的所長。

愛因斯坦請普朗克和能斯特給他一天時間審慎考慮這個提議。他建議這兩位男士搭乘電纜車，遊覽瑞吉峰的山區風光，並在琉森市附近觀光。等到他們回到蘇黎士時，愛因斯坦會在火車站與他們會面，並揭曉他最後的決定——如果他帶著一朵白玫瑰，就代表拒絕；如果帶著一朵紅玫瑰，那就表示接受。

蘇黎士火車站。與友人在此會面的愛因斯坦，究竟會帶著一朵紅玫瑰或是白玫瑰現身？

儘管這個決定將影響愛因斯坦一家再次舉家遷移，但是愛因斯坦無法捨棄這個進入歐洲物理學中心的大好機會……還有，也能因此離艾爾莎更近。最後，他帶著一朵紅玫瑰來到火車站，與普朗克和能斯特會面。「德國人把賭注放在我身上，就像在下注一隻會得獎的母雞。」愛因斯坦向朋友透露：「但是我不知道我是不是還下得出金蛋來。」

　　1914 年 4 月，愛因斯坦一家搬到柏林。然而，一抵達柏林，愛因斯坦與米列娃的婚姻關係就變得更加惡劣。7 月，米列娃和兩個兒子搬出公寓，獨留愛因斯坦一人。到了月底，米列娃、漢斯與愛德華回到蘇黎士。愛因斯坦同意每個月把一半薪資寄給米列娃，做為分居協議的條件之一。

　　由於父親的缺席，一家之主的擔子現在落在十歲的漢斯肩頭上。漢斯的女兒艾芙琳多年後透露：「只要有水龍頭要修理、有燈泡要更換、有欄杆要修繕，都是他要去做。我想他心中難免有所不滿。」

愛德華、米列娃與漢斯合影於 1914 年。
照片來源：Hebrew University of Jerusalem, Albert Einstein Archives, courtesy AIP Emilio Segre Visual Archives

大戰爆發

第一次世界大戰讓愛因斯坦深信，支持和平主義絕對是條正確的道路。

正當愛因斯坦的婚姻關係分崩離析之時，全歐洲的國際關係也正風雲變色。1914 年 6 月 28 日，正當費迪南大公夫婦乘坐著一輛敞篷汽車穿梭薩拉耶佛街頭時，遭遇加夫里洛・普林西普槍擊。費迪南是奧匈帝國的王位繼承人，而普林西普是波士尼亞的塞爾維亞人。7 月 28 日，米列娃離開德國的前一天，奧匈帝國向塞爾維亞宣戰。兩天後，德國動員軍隊，在 8 月 1 日向俄羅斯宣戰，兩天後又向法國宣戰，並於 8 月 4 日在進軍法國途中入侵比利時。

此時，天文學家弗羅因德利希已經帶著望遠鏡和相機前往克里米亞，準備迎接即將到來的日食。身為德國人的他這才發現，自己竟然身陷敵後。弗羅因德利希和他的船員被俄羅斯軍隊俘虜，被指控為間諜。他的裝備被沒收，工作人員也被送往戰俘營。後來，他還被當作人質，用來交換被德國監禁的俄羅斯軍官。

受到大戰的影響，證實愛因斯坦理論的日食證據得再等一等了。愛因斯坦在給朋友的信中寫下：「歐洲發狂了，竟然開始做出令人匪夷所思的事。就在此時，人類才能看清自己是屬於何等可悲的動物啊！」讓他感到毛骨悚然的是，他大部分在柏林的同事都加入戰爭。威廉大帝物理化學研究所的所長弗里茨・哈伯甚至協助德國開發致命武器——氯氣和芥子毒氣，這項用於作戰的化學武器，讓數千名士兵喪失性命。

更糟糕的是，有九十三位科學家、學者和藝術家共同簽署一份「致文明世界宣言」（又名「九三宣言」），支持德國的軍事侵略行動。愛因斯坦拒絕

亨德里克・勞倫茲
(Hendrick Lorentz, 1853–1928)

荷蘭物理學家亨德里克・勞倫茲發展出愛因斯坦用來探索相對論的原創數學方法。洛倫茲是解釋「邁克生—莫雷實驗」為什麼會失敗的第一人，他用的就是後來稱為「勞倫茲轉換」的數學方法。他甚至說過，快速移動的物體，其長度會縮短，時間也會縮短。但是，當勞倫茲想要解釋為什麼以太必須存在，愛因斯坦卻直接說以太不存在，而這正是狹義相對論的基礎。

在 1911 年的第一次索爾維會議，勞倫茲是討論的主持人（第 91 頁）。雖然愛因斯坦與勞倫茲對所有事情的看法都不一樣，但愛因斯坦還是很欽佩他。1928 年，勞倫茲去世，愛因斯坦在他的葬禮致辭。愛因斯坦說：「在我面前的墓裡，埋著我們這個時代最偉大、最尊貴的人物。他的研究成果與他樹立的典範，會繼續活在人間、啟發無數世人。」

簽字——若不是他有瑞士公民的身分，否則很可能會被貼上叛徒的標籤。當時，愛因斯坦的朋友喬治・尼古萊主張和平主義，並和愛因斯坦一同起草「致歐洲人宣言」，呼籲結束毀滅性戰爭。這份宣言中提到：「今日愈演愈烈的爭鬥幾乎沒有『勝利者』可言，所有參與戰爭的國家都將付出極其慘重的代價。」然而，在當時的政治情勢下，願意簽署這份宣言的學者，包含尼古萊和愛因斯坦在內，一共只有四位。

愛因斯坦還加入「新祖國聯邦」，這是一個由和平主義者所組成的團體，目標是遊說德國領導者結束衝突，促進歐洲和平，推動聯邦制度。但這個團體沒有維持多久，就在 1916 年初遭到禁止。

隨著戰事愈演愈烈，柏林市民的生活也變得更加艱難。食糧短缺，肉和糖都很難買得到。在蘇黎士的米列娃和孩子也是勉強過活。當愛因斯坦寄來的錢不夠用時，米列娃為了維持生計，開始教鋼琴、當數學家教。

廣義相對論

當大多數德國知識分子投入大戰之際，愛因斯坦將大部分醒著的時間，全都投注在相對論的研究工作。1914 年，他重拾過去與格羅斯曼在 1912 年嘗試過、但被自己放棄的數學方法。這一次，這個方法行得通了！

這張圖裡的「搖擺」幅度可能過於誇張，不過它只是要表達水星軌道隨著時間的變化。

愛因斯坦用他的新理論，解答一個困擾天文學家多年的問題──水星軌道的變動。這時，他知道自己走對了路。就像其他行星一樣，水星以橢圓形的軌道繞著太陽公轉。但是，它的軌道會搖擺。雖然搖擺的幅度不是很大，但足以讓它每繞行一圈，近日點就往前移動一點。如果我們檢視水星數千年的公轉軌跡，會發現它看起來像一朵花，如左圖所示。其他行星都不會這樣，為什麼呢？

這個謎題的答案就是太陽的引力效應。根據愛因斯坦的理論，太陽這個龐大物體會讓空間和時間彎曲。而水星是離太陽最近的行星，因此受到這種效應的表現最明顯。愛因斯坦運用他研究相對論的新方法計算水星軌道的偏移值，最後得到──每一百年 43 弧秒。這個數字與天文學家多年來所知道的變化完全吻合。理論終於獲得證實！

　　愛因斯坦後來說：「我欣喜若狂好幾天。」最後，他把這個發現投稿到《物理年鑑》（1916 年時刊出），然後又寫了一封信給當時十一歲的兒子漢斯：「過去幾天裡，我完成了人生中最好的論文之一。等你長大一點，我會解釋給你聽。」

　　1915 年 11 月 25 日，愛因斯坦在普魯士學院的演講裡介紹關於水星的發現。廣義相對論結合空間與時間的觀念，構成所謂的「時空」。在他的理論下，時空結構是不能二分的存在，將決定龐大物體在宇宙中的運動方式。愛因斯坦並指出，重力不是一種力，而是時空的曲率。

　　當愛因斯坦沉浸於產出重大研究成果的快樂時，世界各地有許多科學家秉持著自身的愛國情懷，選擇在大戰中捍衛自己所處的陣營，歐洲仍然是遍地烽火。

離婚

....

　　1916 年 2 月，愛因斯坦寫信給米列娃，提到離婚的事。米列娃不想離婚。她和兩個兒子在蘇黎士的生活過得很辛苦，她也捨不得愛因斯坦養家的支票帶來的那份小小的安全感。想到離婚這件事，她甚至因此深深陷入抑鬱。7 月，她有幾次輕微的心臟病發作。在休養期間，不得不將孩子們託給愛因斯坦的老朋友貝索一家照顧。

　　人在柏林的愛因斯坦，狀況也好不到哪裡去。他在寫給漢斯的一封信裡提到，他有時候會忙工作忙到忘記吃飯。加上當時由於戰時封鎖，柏林實施食物配給制度，1916 年末，愛因斯坦的體重開始往下掉。1917 年 2 月，他因為虛弱而倒下，體重甚至減輕將近 20 公斤。醫生告訴他患有胃潰瘍，可能還有膽結石。當時愛因斯坦才三十八歲。

　　愛因斯坦需要特殊的飲食安排。所以搬到艾爾莎母女對門的公寓，艾爾莎為他準備各種料理，費盡心思的照顧他。10 月，這間公寓成為威廉大帝物理學研究所的第一個辦公室，並由艾爾莎的長女伊爾絲擔任愛因斯坦的祕書。

　　當愛因斯坦與艾爾莎母女愈親近，他就愈想解決和米列娃離婚的事。1918 年初，他再次提出離婚，但是這一次提出了新條件——如果他獲得諾貝爾獎，就會把獎金交給米列娃。這筆獎金相當於大約三十五年的贍養費。此外，他也願意增加每個月的贍養費。

　　米列娃接受這些條件。愛因斯坦已經七次獲得諾貝爾獎提名，米列娃認為他終有一天會獲獎，而後來事實證明，她的預感是對的。他們花了一些時

間談定離婚的細節，最後達成協議。

談判離婚的過程中，愛因斯坦曾在寫給友人的一封信裡開玩笑說：「我很好奇哪件事情會拖得比較久——是世界大戰？還是我們的離婚手續？……這兩件事可說是同時開始。但兩者比較起來，我們的離婚算是狀況好太多的小事。」

結識愛丁頓

1916 年，大戰仍然持續進行中，身處在兩個交戰國的愛因斯坦和亞瑟·愛丁頓，卻在事業上建立起友誼。他們輾轉透過住在中立國荷蘭的共同友人、天文學家威廉·德西特互通音訊。

愛丁頓是劍橋大學天文臺臺長，後來成為英國皇家學會會員。他從德西特那裡聽聞愛因斯坦的研究，還得知愛因斯坦曾公開反戰。愛丁頓是貴格會教徒，對和平主義抱持類似的觀點。

雖然愛因斯坦的理論在歐洲大陸早就是學術界討論的話題，但是英國的科學家多半還沒注意到他。再加上戰爭開打，有些人對於愛因斯坦的研究更加不屑一顧。在他們的眼中，愛因斯坦不過就是個德國佬。但是，愛丁頓是個例外，他深受廣義相對論的吸引，甚至開始進行研究，打算展開日食之旅，證明愛因斯坦的論點究竟是對的或是錯的。

隨著愛丁頓實現遠征計畫的時刻愈來愈近，戰爭也愈來愈接近尾聲。

亞瑟·愛丁頓。照片來源：Library of Congress Prints and Photographs Division (LC-DIG-ggbain-38064)

1918 年秋天，德國及其盟國開始瓦解。德國的威廉大帝逃往荷蘭，11 月 11 日在法國簽署停戰協議。第一次世界大戰到此結束。歷時五年的戰爭期間，約有超過一千五百萬人死亡、兩千萬人受傷。

證據！
· · · · · · · · · · ·

1919 年的日食很快就要來臨。愛丁頓為了確保自己能夠得到他所需要的照片，於是籌備了兩個研究小組——他自己帶其中一組前往非洲西海岸外的普林西比島，另一組人馬則前往巴西的索布拉爾。他希望兩組當中至少有一組可以碰到好天氣，晴朗的天氣有助於成功進行觀測。

當愛丁頓為觀測日食做準備時，愛因斯坦正在處理他的個人事務。1919 年 2 月 14 日，愛因斯坦與米列娃在蘇黎士的法庭辦理離婚，米列娃最後獲得孩子的監護權。根據法院的裁決，愛因斯坦要繳一百法郎的罰款，而且兩年內不得再婚。不過，那是在瑞士。四個月後，也就是 6 月 2 日，愛因斯坦在德國柏林與艾爾莎成婚。不久之後，他收養了瑪歌和伊爾絲。

1919 年 2 月，愛丁頓啟航前往普林西比，為觀測日食這個重要日子做準備。他必須保證望遠鏡和照相機等設備能妥善運作，這趟觀測旅程才能成功。只要有一片鏡片稍微失焦，照片影像就會一片模糊。當然，即使設備完備，他們還是有可能遇到多雲的天氣；就算是好天氣，陽光的溫度也會影響望遠鏡頭的鏡片，導致無法呈現清晰的照片。

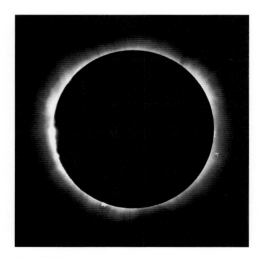

日食的景象。照片來源：Courtesy NASA
Astronomy Picture of the Day Collection

5月29日，愛丁頓醒來時，天空層層陰霾。但是，就在日食開始前不久，雲層漸漸散去。月亮擋住太陽，金牛座星群閃耀，宛如午夜時分。愛丁頓拍下十六張照片，並在他發到倫敦的電報上形容道：「希望穿雲而現。」

極其幸運的，遠在索布拉爾的小組也大有斬獲。他們帶回二十幾張照片。艾丁頓花了好幾個月分析所有照片，並在九月底時，就覺得自己已經掌握充分證據，足以證明愛因斯坦的理論是對的。

話題回到愛因斯坦。他在9月27日寫信給母親：「親愛的母親，今天我要告訴你一件令人開心的好消息。勞倫茲發電報告訴我，英國探險隊真的證實了太陽造成的光線偏折了。」

1919年11月6日，在英國皇家學會和皇家天文學會的聯合會議上，愛丁頓的上司、皇家天文學家法蘭克・戴森爵士在倫敦的伯靈頓正式公布愛丁頓的發現。現場聽眾高朋滿座，大廳上掛著一張莊嚴的牛頓畫

日食

日食到底是怎麼一回事？做個模型就知道了！

請準備：

◆ 大人從旁協助
◆ 可以拆掉燈罩的檯燈
◆ 陰暗的房間
◆ 沙灘球（或是其他大球）
◆ 網球（或是其他小球）

這項活動在晚間進行最為理想。在得到大人的許可之後，移除檯燈的燈罩。把燈放在大房間的中央，然後開燈。這是太陽。把所有其他燈都關掉。

在遠離桌燈的牆壁附近放一顆沙灘球。這是地球。請注意球的明暗分布——亮的部分是白天，暗的部分是黑夜。

最後，拿一顆網球，停在太陽與地球之間，不過距離地球較近。

你看到什麼？日食的陰影是否覆蓋地球整個表面？這是否能解釋為什麼愛丁頓必須前往非洲才能看到日食？

像。戴森爵士在臺上向在場所有人宣布：「在仔細研究這些照片之後，我可以有把握的說，它們證實了愛因斯坦的預測毫無疑問。」戴森爵士發表的這份衝擊性報告意味著，一直以來被人奉為真理的牛頓定律已經不復存在。

第二天早上，《倫敦時報》以醒目的新聞標題宣告：

嶄新的科學革命
宇宙新理論？
牛頓定律被推翻

此時，人在柏林的愛因斯坦買了一把新的小提琴給自己做為慶祝。

下一次日食在什麼時候？

日食是非常特別的天象，對於天文學家來說，日食最棒的一點就是容易觀測。如果你想進一步了解日食相關資料，NASA 有一個日食網站可以查詢。如果你想知道臺灣最近一次的日食時間，可以上交通部中央氣象局官網查詢日曆資料表。趕快在你的日曆上，為下一次的日食觀測做上記號吧！

NASA

中央氣象局

Chapter 5

廣義相對論

就某種程度上來說，愛因斯坦「狹義相對論」有較高的直覺成分，而「廣義相對論」則是在長期累積中逐漸形成。

從 1907 年的「等效原理」（加速度和重力是同一回事）為起點，愛因斯坦開始努力拼組這張巨型拼圖的各個部分，使他逐漸形成「光會受到重力影響而彎曲」的假設。1911 年，愛因斯坦發表論文，說明太陽如何使源自遙遠恆星的光發生彎曲。不久之後，弗羅因德利希展開他的日食觀測長征，成功證實了愛因斯坦的理論。

然而，愛因斯坦還沒想出該如何用數學公式來描述他的廣義相對論。他曾在 1912 年向朋友阿諾·索末菲坦承：「與眼前這個問題相比，原始的相對論彷彿就像兒戲。」後來，愛因斯坦運用一種稱為「張量微積分」的複雜數學方法，終於在 1915 年找到答案，正式提出重力場方程式：

$$R_{\mu\nu} - \frac{1}{2} g_{\mu\nu} R = 8\pi T_{\mu\nu}$$

這個方程式看起來很困難，對嗎？確實如此！事實上，由於它實在太過深奧，我們在本書中不會介紹。不過，就像之前在討論狹義相對論那樣，我們要探討的不是數學公式，而是數學公式所要表達的內容。

相對論概述

在繼續往下讀之前，最好先回顧目前為止學到的內容。或許你沒有意識到，但其實你已經讀過理解廣義相對論所需的大部分元素。

首先，狹義相對論所提出的一切主張，同樣適用於廣義相對論。例如：光速恆定；相對於另一個觀察者來說，當物體加速時，長度看起來會變短、質量會增加，而且時間會變慢；分屬不同參考系的兩個觀察者，對於兩個事件是否同時發生，意見不可能達成一致。

同時，也複習愛因斯坦早期推導出的理論。「等效原理」是指重力與加速度沒有區別（請參閱第 61 頁）。1911 年，愛因斯坦透過「加速的電梯」想像實驗，確信重力會使光束彎曲，一如重力會改變通過其附近質量的運動路徑（請參閱第 88 頁）。

時空

·········

愛因斯坦的「時空」概念，是源自於大質量物體（例如太陽）會使光行徑路線彎曲的推論。不過他特別強調，千萬不要把重力視為一種作用於光的力量，因為這是個錯誤的概念。畢竟在「加速的電梯」想像實驗（參閱第 85 頁）中，當光通過漂浮在宇宙中的電梯時，並未受到任何重力的影響，卻依然會發生彎曲現象。

事實上，光之所以會彎曲，是因為質量對時間與空間的結構（時空）產生特殊的影響。大質量物體就像被放在床墊上的保齡球，它周圍的空間自然會出現扭曲。物理學家約翰·惠勒將這種現象描述為：「物質告訴時空如何彎曲，時空告訴物質如何運動。」

讓我們仔細看看惠勒的這句話。首先，回想一下我們先前做過的「會彎曲的光」實驗（參閱第 93 頁），並把床墊想像成時空。床墊原本是平坦的，因此網球通過床墊表面時，會以直線滾動。但當你把擁有龐大質量的保齡球放在床墊上時，會導致床墊變形。也就是說，床墊會因為保齡球的質量而出現彎曲，而當保齡球愈重，床墊彎曲的程度就愈大——這就是惠勒所說的「物質告訴時空如何彎曲」。

那麼，惠勒的後半句又是什麼意思？當我們在彎曲的床墊上滾動網球時，床墊扭曲變化的程度會決定網球的運動路徑——這就是惠勒所說的「時空告訴物質如何運動」。

這顯然是一種奇特的宇宙觀，卻讓大家恍然大悟——原來萬物並非像我們

所預期的那樣進行直線運動。能夠用全新的角度來思考宇宙，正是愛因斯坦與眾不同的地方。後來，愛因斯坦向兒子愛德華解釋自己的貢獻時，用了一個有趣的比喻：「當一隻盲眼甲蟲爬過彎曲的樹枝時，牠並不會注意到自己爬行的軌跡其實是彎曲的。然而我很幸運，我注意到甲蟲沒有注意到的東西。」

黑洞
········

　　愛因斯坦的時空理論提出後，帶來一個非常重要的問題（至少對物理學家來說很重要）：當一個物體的質量非常龐大，是否有可能讓時空極度彎曲，導致任何接近它的物體都被拉入其中，即使是光也無法逃脫呢？

　　事實上，早在愛因斯坦之前，就已經有幾位科學家考慮過這種可能性。

　　1783 年，約翰‧米切爾提出所謂的「暗星」觀念，認為暗星的質量龐大到沒有任何東西可以逃脫它的引力，就連光也無法倖免。後來，法國數學家皮耶‧拉普拉斯在 1800 年代初期也曾做過仔細的計算。然而，兩人的想法都是以牛頓的光粒子理論為基礎，所以在科學界轉向光波動理論後，他們的理論也逐漸被淡忘。

　　直到 1916 年，愛因斯坦發表廣義相對論之後，這個話題又再次受到重視。第一次世界大戰時，擔任德國軍官的物理學家卡爾‧史瓦西正駐紮在俄羅斯，他對愛因斯坦的理論十分有興趣，於是利用軍務之餘的稀少時間，根據理論計算出一顆星體周圍的重力場分布與內部狀況。他把計算出來的數據

寄給愛因斯坦，愛因斯坦興奮的把資料交給普魯士科學院。令人惋惜的是，史瓦西還沒來得及回到柏林，就因感染疾病而去世。

　　儘管數學計算上取得了令人信服的證據，但愛因斯坦從來不曾真正相信「暗星」存在的可能性。有關這個想法的大部分研究，都是在愛因斯坦離世後，由其他科學家完成的。美國物理學家惠勒在 1967 年首次使用「黑洞」一詞。如今，科學家已經確認黑洞的存在，並持續進行觀測與研究，期待未來能獲得更多關於黑洞的新發現。

時間與重力
· · · · · · · · · · · · ·

　　愛丁頓的日食觀測探險，成功證實太陽的質量會造成時空彎曲，因此使來自遙遠恆星的光線彎曲。在愛因斯坦的「時空」概念中，「空間」的部分已經獲得極具說服力的解釋，那麼「時間」的部分呢？

　　廣義相對論同樣能夠有效解釋重力對時間的影響。根據愛因斯坦的計算，與較弱的重力場相比，時間在較強的重力場會變慢。例如，時間在太陽表面流逝的速度，會比在地球表面來得更慢。

　　然而，要去太陽表面測量時間，這實在太過困難了吧！還有別的方法可以證實愛因斯坦的理論嗎？1959 年，哈佛大學研究人員在一棟校園建築內，從地下室朝 22 公尺高的閣樓射出一道伽馬射線，比較射線對兩個地點原子反應速度的影響。依照愛因斯坦的理論，地下室離地心較近、重力稍微強些，

關於廣義相對論，你學到了什麼？

現在，讓我們一起把目前學到的廣義相對論，做個總整理：

◆ 狹義相對論的一切內容，仍然適用於廣義相對論。

◆ 加速度與重力是同一件事。愛因斯坦稱之為「等效原理」。

◆ 高質量會讓時空「彎曲」。質量愈大，彎曲愈大。

◆ 當一個物體的質量非常龐大，有可能造成時空極度彎曲，因而形成黑洞。

◆ 重力場愈強，時間愈慢。

所以原子反應速度應該比在閣樓慢。實驗結果確實如此！

雙胞胎悖論又來了

還記得狹義相對論那一章的「雙胞胎悖論」想像實驗嗎？（參閱第 74 頁）假設有一對同卵雙胞胎，其中一位搭上以接近光速飛行的太空船，飛往遙遠星球執行任務，然後再以接近光速的速度返回地球；另一位則是一直留在地

球上。我們要問的問題是，當這對雙胞胎重逢時，哪一個會比較老？

通常大家的第一個反應，多半會說「兩個人年紀一樣大」。因為，從在太空裡以光速移動的太空人看來，他在地球上的雙胞胎兄弟也正以相同的速度移動。既然如此，兩人只是在相對運動，所以他們經歷的時間不是應該完全相同嗎？

根據愛因斯坦的廣義相對論，兩人的情況確實有所不同，因為太空船裡的雙胞胎必須加速才能達到光速。還記得「加速電梯」與「等效原理」嗎？加速度與重力是同一回事，當太空船起飛時，太空人經歷邊烈的加速度才能達到光速，這就像是身處於一個強大的重力場之中，所以他的時間會過得比較慢。

於是，雙胞胎悖論終於有了答案：留在地球上的雙胞胎會比較老，因為地球上的時鐘走得比光速飛行太空船上的時鐘快。當你翻閱過去五十年來有關太空旅行的科幻小說，常常會看到各式的類似情節。過去你只能把它當劇情看，現在的你還能清楚解釋為何會發生這種現象。

1927 年的索爾維會議。諾貝爾獎得主的名字以藍字標示。

照片來源：Photograph by Benjamin Couprie, Institut International de Physique Solvay, courtesy AIP Emilio Segre Visual Archives

前排（由左而右）：歐文‧朗繆爾、馬克斯‧普朗克、瑪里‧居禮、亨德里克‧勞倫茲、愛因斯坦、保羅‧朗之萬、查爾斯－尤金‧古耶、查爾斯‧威爾遜、歐文‧理查德森。

中排（由左而右）：彼得‧德拜、馬丁‧克努森、威廉‧布拉格、亨德里克‧克拉默、保羅‧迪拉克、亞瑟‧康普頓、墨里斯‧德‧布羅意‧馬克斯‧玻恩、尼爾斯‧波耳。

後排（由左而右）：奧古斯特‧皮卡爾、埃米爾‧昂里奧、保羅‧埃倫費斯特、愛德華‧赫爾岑、西奧費‧敦德爾、埃爾溫‧薛丁格、朱爾斯－埃米爾‧弗沙費爾特、沃夫岡‧包立、維爾納‧海森堡、勞夫‧福勒、萊昂‧布里淵。

Chapter 6

名氣與迫害

「他們為我歡呼是因為每個人都懂我在說什麼，

他們為你歡呼是因為沒有人懂你在說什麼。」

——卓別林在電影《城市之光》首映會上對愛因斯坦說的話。

在愛因斯坦多年以來的教學生涯中，從來沒有遇過這樣瘋狂的事——柏林大學的學生竟然在課堂起鬨，打斷愛因斯坦講課。不過，他們真正生氣的對象並不是愛因斯坦，而是那些沒有修課、卻試圖擠進 122 號講堂的人。

幾乎是在一夜之間，愛因斯坦瞬間成為德國最熱門的「觀光景點」。遊客和好奇的當地人不斷湧進他講課的教室。

大家爭相一睹這位有著一頭亂髮的教授風采，導致他的學生反而找不到座位。一開始，愛因斯坦不太介意那些不請自來的賓客，但是情況愈演愈烈，開始變得失控。於是大學想出一個辦法——讓付學費的學生先入座，如果有多餘的空位，才開放給外來訪客。

相較於最初愛因斯坦擔任講師時那少得可憐的授課人數，其中有些還是受愛因斯坦請託而來的朋友，現在的愛因斯坦早已是不可同日而語，想來聽課的人潮之多，連學校最大的講堂都容納不下。

迅速成名

正當全世界對戰爭感到厭惡，渴望尋找值得歡慶的事物時，愛丁頓證實了愛因斯坦理論的消息轟動了全世界。物理學家利奧波德・英費爾德歡呼道：「人們已經厭倦仇恨、殺戮和國對國的敵對。這是一個新時代的開端！」的確，此時有許多歐洲偉大的思想家與科學家，將自身才華投注在促使人們互相殘殺的科技研發上。而今，愛因斯坦與愛丁頓這兩個分屬不同交戰國的英國與德國科學家卻攜手合作，試圖解釋宇宙的本質，而且兩人都沒有投入戰爭，這是多麼令人興奮的事！

對於成為眾所矚目的焦點，愛因斯坦感到相當驚訝。而面對新聞媒體不斷提出採訪邀約，他很快就了解到，有時候讓記者真正感興趣的，是能譁眾取寵的聳動聽聞，勝過於事實報導。舉例來說，柏林有家報紙刊登一則報

導，文章中捕風捉影的描述，愛因斯坦提出相對論，是因為他看到有人從屋頂掉落，所幸那人安全的落在一堆垃圾上，一如牛頓被掉落的蘋果打到頭時想出萬有引力理論（這也不是事實）。對此，愛因斯坦在一封寫給朋友的信中提到：「報紙裡那些關於我的事都是胡說八道，真是可悲。」

面對瘋狂的媒體與粉絲，艾爾莎扮演起一個新角色——愛因斯坦公寓工作室的守門人，所有支持者和好奇者都被她擋在門外。她這麼做不只是為了保護丈夫，還為了保護家人。愛因斯坦的母親寶琳由於罹患胃癌，深受痛苦折磨，因此從 1919 年底開始，她與愛因斯坦的新家庭一起生活。1920 年 2 月 20 日，這位教導兒子獨立自主、啟發他對音樂無比熱情的女性，在愛因斯坦的公寓裡去世，母親的離世令愛因斯坦感到相當悲痛。

在此同時，愛因斯坦與十五歲的兒子漢斯發生了一些衝突。漢斯表示自己想要學工程，但愛因斯坦告訴兒子：「我認為這是個糟糕的想法。」儘管如此，漢斯仍堅持就是要走這條路。兩人為此起了爭執。這一幕，想必也讓愛因斯坦想起從前的自己，也是在決定學物理而不是工程時，與父親發生爭執。漢斯在多年後回憶：「他想要給我建議，但是他很快就發現，我實在過於固執，他只是在浪費時間。」高中畢業後，漢斯進入蘇黎士理工學院就讀，後來取得水利工程學位。

正當愛因斯坦周旋於家庭問題和成名後的種種矛盾之時，社會大眾對於相對論的討論熱度則持續延燒，這使得愛因斯坦向科學家玻恩抱怨：「這實在是太可怕了，我幾乎要喘不過氣來，更別說要做些有意義的研究。」

在戰爭期間，愛因斯坦完成《相對論入門：狹義和廣義相對論》一書，

最初是以德文出版，但由於當時紙張短缺，因此印刷冊數很少。後來英文版推出後，馬上成為熱賣的暢銷書，其他不同語言的版本也接二連三的迅速出版。其中，法語版是由愛因斯坦在「奧林匹亞學院」的老朋友索洛文負責翻譯。由於書中介紹許多有趣的想像實驗，更加帶動世人對於相對論的討論，使得全球各地的人們都迫不急待想聽物理學家愛因斯坦講授相對論。

不過，並非每個人都是愛因斯坦的粉絲，或是樂於見到他受到如此熱烈的關注。右翼德國民族主義者就是其中一個例子，他們將德國在大戰中的挫敗，歸咎於社會主義者、猶太人、和平主義者、共產主義者以及所有他們不認同的其他人，而愛因斯坦在這幾個方面都符合他們的訴求。玻恩曾寫道：「愛因斯坦的理論被同僚貼上『猶太物理學』的標籤。」對這些人來說，愛因斯坦的族裔血統就足以構成對其研究一律不屑一顧的理由。

雪上加霜的是，有人竟然把相對論與「相對主義」混為一談。所謂相對主義，是指一切沒有對與錯，也沒有真與假，藝術不分好或壞，一切都是相對的。這些扭曲了愛因斯坦思想而發出的不實指控，使得相對論被普遍的誤解為相對主義。1919 年，《紐約時報》刊登一則標題為「狙擊絕對論」的社論中，控訴愛因斯坦的相對論「破壞了人類全部的思想根基」。

破壞人類思想根基？這個想法實在太荒謬了！愛因斯坦對此感到萬分震驚。1921 年，愛因斯坦到英國出席一場晚宴，被安排坐在英格蘭坎特伯里大主教旁邊。大主教問他，相對論對於信仰和上帝有何見解？愛因斯坦回答：「相對論純粹是科學問題，與宗教毫無關係。」

耀眼的國際巨星

響亮的名氣像是把雙面刃，當你獲得愈多的關注，你收到的攻擊也愈多。很快的，愛因斯坦清楚知道自己不可能永遠躲在柏林的公寓裡。隨著來自世界各地的講座邀請如潮水般湧來，他意識到自己可以利用新樹立的名聲，公開表達他所支持的理念，例如和平主義和猶太復國主義。

愛因斯坦之所以擁護猶太復國主義的理念，部分原因來自於第一次世界大戰後興起的反猶太言論。事實上，長達幾個世紀以來，猶太人在全球各地都遭受迫害。猶太復國主義是支持猶太人在巴勒斯坦建國的運動。

後來，曾任世界猶太復國組織主席哈姆・魏茲曼說服愛因斯坦前往美國進行募款之旅，用籌得的資金在耶路撒冷建立希伯來大學。愛因斯坦對此表示：「我身上沒有任何『猶太信仰』色彩。不過，我很高興能成為猶太人的一分子。」

1921 年 3 月 21 日，愛因斯坦夫婦從荷蘭登上鹿特丹號郵輪，啟航前往美國。兩週後，也就是在 4 月 2 日這天抵達紐約市。他們還沒下船，就已經被蜂擁而至的記者和攝影師團團包圍。一位記者請愛因斯坦用一句話為相對論做個總結，他指著那名記者笑說：「我這一輩子都在努力把相對論寫進一本書，而這個人卻要我用一句話做總結！」記者們聽到愛因斯坦幽默的回答，全都樂得不得了。

愛因斯坦身穿灰色羊毛外套，把他破舊的小提琴盒夾在腋下，和艾爾莎緩緩步下郵輪。他們在砲臺公園受到數千人的歡迎，其中包括手持象徵紐約

市金鑰匙的紐約市長，以及演奏美國國歌「星條旗之歌」的鼓樂隊。愛因斯坦坐在敞篷車上，穿梭曼哈頓下城擁擠的猶太社區，最後抵達入住的旅館。他在那裡會面他的老朋友馬克斯‧塔木德（見本書第 24 頁）——這時的塔木德已經移民到美國，並改名為塔爾梅。久別重逢，兩人都非常開心。有人這麼描述當時愛因斯坦參觀市政廳之後的情形：「同事們把他扛上肩膀，送進汽車。然後愛因斯坦乘著車，在眾人夾道揮舞的旗幟和歡呼聲中，以勝利的姿態上街遊行」。對於一名科學家來說，面對這樣的盛況空前，真是讓愛因斯坦受寵若驚！

愛因斯坦完全收服美國大眾的心。在眾人眼中，愛因斯坦機智、善良又謙遜。他的一頭亂髮，還有種種迷糊事蹟（至少在傳言裡是如此），都讓他更加討人喜歡。

三週後，他前往華盛頓特區，並應哈丁總統之邀到白宮作客。當愛因斯坦與哈丁總統合影時，一名記者問總統懂不懂相對論，總統微笑的承認自己完全不懂。參議員也說不懂相對論，不過這不妨礙議員那天在國會山莊辯論這個主題。

在這趟美國之旅中，愛因斯坦與艾爾莎最遠到芝加哥，然後又回到東岸，在紐澤西的普林斯頓大學講學一週——未來，這裡會成為愛因斯坦的家。他從普林斯頓再前往波士頓的哈佛大學演講，然後又到康乃

愛因斯坦與艾爾莎登上鹿特丹號遊輪。
照片來源：© Bettmann/Corbis

迪克州的首都哈特福。最後，他走訪俄亥俄州的克利夫蘭，以及三十五年前
「邁克生－莫雷實驗」的所在地凱斯西儲大學，並在那裡拜見物理學家戴頓‧
米勒。米勒宣稱自己找到了神祕的以太，如果米勒所言屬實，則代表他不贊
同相對論。因此，愛因斯坦想去聽聽米勒的意見。雙方對話後，愛因斯坦鼓
勵米勒繼續嘗試，但仍然相信自己的理論站得住腳（米勒的主張後來被證明
不正確）。

　　雖然這次美國之旅是為希伯來大學募款，但是最後籌措到的資金並不如
魏茲曼所預期。不過，那些資金確實足以成立一間醫學院了。

諾貝爾物理學獎

　　愛因斯坦的聲望如日中天，而今，就連不是科學圈的大部分人士，也都
認為愛因斯坦會是下一屆諾貝爾物理學獎的熱門人選。但是，這時偏偏遇到
菲利普‧萊納德來攪局。

　　萊納德是一位德國物理學家，也是 1905 年諾貝爾物理學獎得主。愛因斯
坦在 1905 年開始與他通信，兩人一直維持著相當友好的關係。但是，戰爭改
變了萊納德，他加入反猶太團體，宣稱相對論是猶太人破壞德國科學的陰謀。

　　1920 年 8 月 24 日，一個名為「德國自然哲學家研究小組」的反猶太組
織在柏林愛樂音樂廳舉行集會，砲火猛烈的控訴相對論。萊納德本人沒有出
席，但是出乎所有人意料的是，愛因斯坦和他的朋友能斯特一同出現在會

阿弗烈德・諾貝爾與諾貝爾獎
(Alfred Nobel, 1833—1896)

每年，瑞典皇家科學院都會頒發它的最高榮譽 ── 諾貝爾物理學獎、化學獎、醫學獎、文學獎、經濟學獎與和平獎。這些獎項的設立是來自阿弗烈德・諾貝爾的遺愛。諾貝爾是一位才華洋溢的瑞典化學家，他在 1866 年發明炸藥，原本是打算用於開採石礦與打通鐵路隧道。然而，他萬萬沒想到的是，炸藥這項發明竟然更常被用於戰爭，多過用於工業。

諾貝爾因為炸藥與其他發明而致富，一生中共獲得 355 項專利，但是他終身未婚，也沒有子嗣。隨著年齡增長，他決定把財產用於紀念那些對社會有重大貢獻的人。1896 年，諾貝爾去世，將財產移轉給瑞典學院。五年後，也就是 1901 年，學院頒發第一屆諾貝爾獎。

每位諾貝爾獎得主除了獲頒獎章，還會得到獎金，以持續進行對人類社會有貢獻的研究或工作。歷屆獲得諾貝爾獎的得主包括史坦貝克、金恩博士、德蕾莎修女、歐巴馬總統和無國界醫生組織等。你可以在以下這個網站，找到所有關於諾貝爾獎得主的資訊。

www.nobelprize.org。

場。愛因斯坦坐在觀眾席做筆記，當臺上有人發表無知談話時，他就放聲大笑。

三天後，愛因斯坦針對這次集會在《柏林日報》發表回應。他不僅駁斥會議裡的不實言論，並進而批判支持這場活動的科學家。愛因斯坦寫下：「（萊納德）對廣義相對論的反對意見如此膚淺，直到現在我才下定決心，認為有必要做出詳細的回應。」接著，他逐條回應萊納德對相對論的批評意見。

被愛因斯坦氣到不行的萊納德，利用他對諾貝爾獎委員會的影響力，試圖阻斷愛因斯坦得獎的希望。1920 年，諾貝爾物理學獎得主為夏爾・紀堯

姆，委員會表示：「以表彰他發現鎳鋼合金的異常現象，為物理學的精密測量做出貢獻」。隔年，當年度該獎項得主從缺，諾貝爾委員會沒有將 1921 年的諾貝爾物理學獎頒發給任何一位科學家。

對於科學界許多人來說，諾貝爾委員會的這個決定是壓垮駱駝的最後一根稻草。在此之前，當萊納德與其他人把持委員會、刻意漠視愛因斯坦時，他們選擇靜觀其變。但是現在，愛因斯坦遲遲未能獲獎，為科學界帶來更加沉重的壓力。1922 年，諾貝爾物理學獎得主是波耳，以表揚他揭露原子結構的成就。同時，諾貝爾委員會也宣布，將 1921 年的物理學獎頒給愛因斯坦，以彰顯他在光電效應的開創性研究。

萊納德為此勃然大怒。原因在於，萊納德雖然是以陰極射線的研究獲得諾貝爾獎，但他也是光電效應研究的先驅，只不過他沒有解釋這種效應，而是觀察實驗。因此，愛因斯坦於 1905 年的論文中，有一部分內容是立基於萊納德的觀察。

愛因斯坦在前往日本時得知自己獲得諾貝爾獎。那年秋天，他與艾爾莎展開亞洲巡迴演講，停留錫蘭、香港、新加坡和中國等各地。他們未能及時返回歐洲參加頒獎典禮，因此，最後是由德國大使代表愛因斯坦領取諾貝爾獎。

獲獎後，愛因斯坦履行他在離婚協議書裡的承諾，將獎金 121,572 瑞典克朗交給前妻米列娃，這筆獎金在 1920 年時相當於 32,500 美元，若是換算成 2010 年的幣值，則是超過 40 萬美元。米列娃用這筆錢在蘇黎士買下三間公寓。她和兒子住一間，其餘則出租做為收入來源。

在愛因斯坦的一生中，不曾以相對論獲得諾貝爾獎。

統一場理論

....

1920 年代中期，愛因斯坦愈來愈執著於發展「統一場理論」。既然相對論已經成功說明能量和物質之間的關聯，那麼有沒有可能找到另一組方程式，進一步建立起重力場與電磁場之間的聯結呢？愛因斯坦對此深具信心。1929 年，他發表了第一篇有關統一場理論的論文，雖然立即引起全世界的關注，但不久後，他不得不承認這篇論文存在缺陷。接下來二十年間，他仍然不斷嘗試與挑戰，將統一場理論視為餘生所要追尋的首要目標。

在愛因斯坦全心投入統一場理論的同時，物理學界正朝著另一個嶄新的方向前進——研究原子內部運作的「量子力學」，成為炙手可熱的物理學研究領域。有趣的是，愛因斯坦在 1905 年的光電效應論文中，開創性的為量子理論揭開序幕，但是隨著其他物理學家愈來愈深入了解原子的量子性質，他卻逐漸淡出這個領域。

機率是量子力學的核心概念。維爾納·海森堡的「測不準原理」主張，我們不可能知道原子裡的電子和次原子粒子的確切位置。當電磁輻射（光）撞擊原子時，我們無法確知原子何時會釋出電子，釋出的電子會往哪個方向運動，充其量只能做有根據的猜測。

愛因斯坦不相信「測不準原理」，因此不斷試圖駁倒量子力學。不過愛因斯坦並非為反對而反對，那只是意味著他不會對別人的想法照單全收。事實上，愛因斯坦十分願意聽取其他科學家的不同意見，關於這點，值得我們給他按一個讚。

尼爾斯·波耳像。照片來源：Library of Congress Prints and Photographs Division (LC-B2-5894-8)

在 1927 年的索爾維會議中，當時科學界三大巨頭普朗克、勞倫茲與愛因斯坦都對新興的量子理論感到懷疑，愛因斯坦更與量子力學擁護者波耳展開激烈辯論。接下來幾天，愛因斯坦提出一個又一個想像實驗，逐一挑戰量子理論的各個要素。面對愛因斯坦每一次拋出的問題，波耳都有辦法想出一個答案來予以反駁。到一週結束時，多數與會學者開始認同波耳的觀點。

雖然愛因斯坦與波耳的主張相左，卻絲毫不影響彼此之間的惺惺相惜。波耳稱讚愛因斯坦幫助他釐清了自己的思想，為量子理論提出更好的論證；愛因斯坦則表示，如果波耳在他心中不是一位可敬的對手，他就不會花那麼多時間與波耳辯論了。因此，兩人即使有許多爭執，卻是一場君子之爭，而且往往不失幽默。在一場廣為人知的對談中，愛因斯坦駁斥量子力學所採用的機率概念，他說：「上帝是不擲骰子的。」波耳則反擊說：「愛因斯坦，別再告訴上帝該做什麼了！」

此時的愛因斯坦，多少受到自身的固執所牽絆。有些人開始斷言，或許有一天，愛因斯坦會追不上物理學飛快的發展腳步。

尼爾斯・波耳
(Niels Bohr，1885-1962)

1913 年，丹麥物理學家尼爾斯・波耳證實拉賽福的氫原子模型——一顆以原子核為中心運行的電子。這項成就讓他獲得 1922 年諾貝爾物理學獎。

波耳也是量子力學的先驅者。由於愛因斯坦不相信量子理論，因而促成波耳與愛因斯坦之間的辯論，並成為物理學史上最著名的論戰之一。儘管愛因斯坦最終輸了這場辯論，但他始終敬重波耳，兩人之間仍舊保持深厚情誼。

1940 年，德國入侵丹麥，由於波耳的母親是猶太人，所以他隨時都有被送往集中營的危險。1943 年秋天，波耳藏身於一艘漁船，趁著深夜偷渡到英國，之後前往美國參與原子彈開發工作。二次大戰後，他與愛因斯坦一同公開呼籲裁撤核武。

哈伯發現宇宙

　　儘管量子物理學吸引了許多物理學家一頭鑽進微觀的原子世界，但是仍然有一些科學家抬頭遠眺距離我們最遙遠的星空，將注意力轉向另一個科學新領域──「宇宙學」。他們不斷思考的是，宇宙是怎麼生成的？為什麼會有恆星？空間和時間的本質是什麼？毫不意外的，愛因斯坦的理論又為這個新領域的早期發展貢獻良多。

　　愛因斯坦曾提出三種方法檢驗他的廣義相對論──計算水星軌道的變動（已獲得證實）；測量來自遙遠恆星的光受到太陽引力的影響而「彎曲」（已獲得證實）；以及，發現來自重恆星的光的「紅移」。

　　什麼是「紅移」呢？我們可以從光具有波的特質來說明。以可見光來說，紅光的波長比藍光長。愛因斯坦認為，離開重恆星的光，波長會稍微變長，他把這種現象稱為「紅移」。如果天文學家可以測量太陽光的波長，然後與沒有引力時應有的波長做比較，就有可能證實廣義相對論。

　　還記得日食探索之旅的弗羅因德利希嗎？當時，因為戰爭的緣故，這趟探索之旅被迫提早結束，於是弗羅因德利希開始著手解答紅移問題。他之前曾建議德國科學機構在柏林郊外的波茨坦天文臺，建造一座新望遠鏡來研究紅移問題，也藉此表彰愛因斯坦的成就。後來，這座由建築師埃里希‧孟德爾頌設計的愛因斯坦塔於 1919 年起造，歷時四年終於完工。

　　雖然愛因斯坦塔是當時最先進的天文臺之一，但是緊接著，位在美國加州威爾遜山天文臺的一名研究人員，將以他驚人的觀察席捲全世界所有人的

目光。三十五歲的天文學家哈伯「發現」了宇宙，他將清楚的告訴我們——宇宙很大，非常、非常大。

很久以前，每當人類仰望夜空，就可以看見滿天星斗，自然而然對於宇宙充滿各種想像與好奇。但是，一直到 1610 年，伽利略用望遠鏡觀測才發現，那條橫越天際、被人們稱之為「銀河系」的一彎朦朧銀白，其實是數十億顆恆星。銀河系不在「外面」，我們就置身其中；而太陽，只是眾多恆星的其中一顆。過去許多天文學家嘗試繪製銀河系地圖，但是始終沒有人能確切的描繪出它的形狀。

長期觀測星象的哈伯則有個預感，他認為我們的銀河系可能不是唯一的銀河系。1924 年，他用威爾遜山天文臺一架最新的望遠鏡（它有個主口徑約 2.5 米的反射

艾德溫・哈伯
（Edwin Hubble，1889-1953）

艾德溫・哈伯於 1889 年出生在密蘇里州的馬許菲爾德市。他的父親希望他成為一名律師，但是他的志向是天文學。大學畢業後，他做過法律工作，但是後來在印第安納州擔任高中物理（和西班牙語）教師。第一次世界大戰後，他擔任加州威爾遜山天文臺的天文學家。

哈伯古怪又聰明。雖然他只在英國度過三年大學時光，但是說話帶著英國腔，經常戴著一頂貝雷帽、穿著一襲黑色斗篷。有些天文學家認為他的行徑愚蠢，但是他在威爾遜山的研究成果，讓這座天文臺瞬間成為全世界矚目的焦點。

1990 年，以哈伯的名字命名的「哈伯太空望遠鏡」搭乘太空船進入軌道。

書桌前的哈伯，攝於 1940 年。照片來源：Courtesy of the Archives California Institute of Technology (10.12-20

鏡，連遠在 8,000 公里外的蠟燭光都看得一清二楚），觀測到模糊的仙女座「星雲」（又被稱為 M31，後來被更名為「仙女座大星系」）。當時天文學家認為，各種形狀的星雲是正在演變為恆星或行星的物質雲。哈伯根據計算，發現 M31 是一個獨立於我們銀河之外的星系，我們到 M31 之間的距離約有 250 萬光年，由於它實在太遙遠了，所以看起來像一顆模糊的小恆星。

正當哈伯宣告銀河系不是宇宙唯一的星系，這時天文學家也回頭觀察其他星雲，發現之中有許多也是星系。一開始，他們發現的星系有幾十個，然後是幾百個、幾千個。今天的天文學家相信，宇宙有 100,000,000,000（一千

什麼是光年？

光年不是衡量時間的單位，而是衡量距離的單位：光束在一年裡所經過的距離。因為在真空中傳播的光速為每秒 186,282 英里（約 30 萬公里），一年有 31,557,600 秒（365.25 天），因此一光年是 58,800 億英里（約 94,600 億公里）。光從太陽到地球只需要 8 分 19 秒。但是，來自仙女座的光需要 250 萬年才能抵達地球。難怪當我們仰望星空時，會覺得仙女座看起來這麼小──因為它與我們的距離大約是 1,500,000,000,000,000,000 英里！

億）個星系。天文學家藉由觀察這些星系的形狀，終於能夠推敲出銀河系的形狀，並且知道我們（地球）位於一個直徑為 10 萬光年的龐大螺旋星系的長臂上。

　　1929 年，哈伯又獲得一項驚人的新發現。他在比較來自不同星系光譜的紅移現象時發現，星系正在飛離我們，而且距離我們愈遠，移動得愈快，星系間是互相遠離的，這個發現被稱為「哈伯定律」。換句話說，整個宇宙就像個大氣球般處在膨脹的狀態。

　　哈伯測量的紅移現象不是由星系的重力所產生，而是由它們的運動所造成。就像重力可以拉長光的波長，光以高速遠離觀察者時，波長會變長（紅移）；光以高速接近觀察者時，波長會變短（藍移）。

　　愛因斯坦在 1917 年的一篇廣義相對論的論文中，便首次開啟宇宙膨脹論之門。但是，當時的他並不認同「宇宙會永遠膨脹」這個想法。當時的科學家也多認為，宇宙只是由銀河系以及在它之外的空間所組成；宇宙似乎處於靜態的狀態，既不膨脹也不收縮。愛因斯坦在深思熟慮過後，在他的方程式裡加了一個「宇宙常數」，讓方程式能解釋廣義相對論的宇宙概念。

　　然而，當哈伯在 1929 年提出的宇宙擴張證據直接挑戰了愛因斯坦的理論，這使得愛因斯坦表示，宇宙常數是他一生犯下最大的錯誤。他坦承說：「遙遠星系的紅移就像一記錘擊，粉碎我一手搭建的舊建築。」

仙女座星系。照片來源：NASA Chandra Space Telescope Collection

觀測遙遠的星系

在晴朗、黑暗的夜晚，即使沒有望遠鏡，你也可以看到仙女座星系。

請準備：

◆ 請在 11 月的夜晚晴空進行觀測
◆ 星座圖
◆ 雙筒望遠鏡或望遠鏡（非必要）

仙女座最理想的觀測時間是 11 月，如果你住在北半球，更能幸運的在 10 月到 12 月輕鬆觀測到它。不過，由於仙女座的光芒微弱，在城市會受光害影響，因此建議到遠離光害的鄉村進行觀測。你可以找一個新月的晚上，在月光最黯淡的時候進行。

首先，找一份你所在地區的 11 月星空圖（你也可以上相關網站查詢──例如網站 Astro Viewer，點擊「目前的夜空」，並輸入你所在的城市）。

天黑之後，走出戶外，尋找形狀像一個大 W 的仙后座，以及中心有四顆星星連成方形的飛馬座。如圖所示，畫（或想像）一條線，連結仙后座 W 的左臂和飛馬座方形離它最近的那顆星。

這兩個星座連接線左側的那點模糊星光就是仙女座。即使是有月亮的夜晚，你應該還是看得到這兩個星座，但是如果你看不太到仙女座，可以用雙筒望遠鏡或望遠鏡輔助。

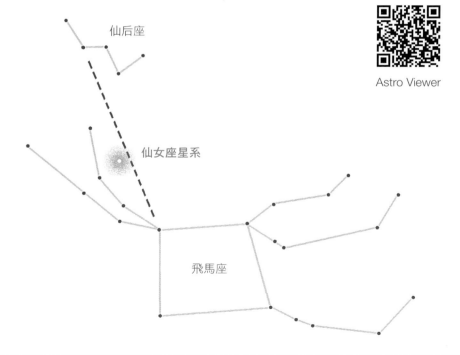

Astro Viewer

仙后座

仙女座星系

飛馬座

膨脹的宇宙

根據哈伯定律，星系離銀河系愈遠，移動速度愈快。不需要望遠鏡，你也可以用微波爐模擬膨脹的宇宙，幫助自己更理解哈伯定律。

請準備：
- 大人在旁協助
- 紅色和黑色麥克筆
- 大朵的棉花糖
- 尺　　　　　　◆ 微波爐
- 紙盤　　　　　◆ 計算機

1. 用紅色麥克筆在棉花糖的底部上畫一個點。
2. 接下來，往棉花糖頂部方向距離紅點1公分（請用尺量），以黑色麥克筆畫一個黑點。

3. 繼續往頂部方向每隔1公分畫一個黑點，一直到畫不下為止。
4. 將棉花糖放在紙盤中央，放進微波爐。

5. 啟動微波爐，以高溫加熱30秒。透過爐門觀察棉花糖。準備把它取出來測量，請務必小心，別燙到手！

6. 測量紅點和第一個黑點之間的距離。接著，依序測量紅點和第二個、第三個、第四個黑點之間的距離，以此類推。把資料記錄在下表的第三欄。
7. 計算紅點和每個黑點之間的距離變化，記錄在下表的第四欄。然後計算每個黑點遠離紅點的速度，記錄在第五欄。

查看下表資料。假設銀河系是紅點，其他星系是黑點。關於點與星系之間的距離以及其相對速度的關係，你有何發現？

解答： 星系離銀河系愈遠，遠離的速度愈快。

黑點編號	與紅點的初始距離	與紅點的最終距離（測量值）	與紅點的距離變化（測量值減初始值）	黑點的速度（變動值÷30秒）
1	1公分	_____ 公分	_____ 公分	_____ 公分／秒
2	2公分	_____ 公分	_____ 公分	_____ 公分／秒
3	3公分	_____ 公分	_____ 公分	_____ 公分／秒
4	4公分	_____ 公分	_____ 公分	_____ 公分／秒
5	5公分	_____ 公分	_____ 公分	_____ 公分／秒

暗夜降臨德國

當科學新發現為探索宇宙本質照進曙光，暗夜卻一步步籠罩德國。萊納德先前詆毀相對論的運動只是黑暗的一角。納粹黨（正式名稱為「國家社會主義德國工人黨」，名稱雖然如此，但是它並非社會主義者）不只想要封殺愛因斯坦的「猶太物理學」，還打算讓愛因斯坦從此噤聲。

1922 年 6 月 24 日，德國外交部長瓦爾特‧拉特瑙乘坐汽車穿梭在柏林街道時，被兩名前德國軍官謀殺。拉特瑙當時才剛簽署《拉帕洛條約》，這是德國與蘇俄之間的和平協議，德國民族主義者相當鄙視這項協議。更重要的是，拉特瑙是猶太人，而納粹將戰後國家面臨的所有問題都怪罪到猶太人頭上。

兩週後，愛因斯坦寫信給普朗克，婉拒出席一場重要的科學會議，信中寫道：「有些人……不約而同的警告我，暫時不要留在柏林。」不過，儘管名列納粹的黑名單，當時愛因斯坦卻拒絕離開國家，只搬到遙遠北方的基爾短暫居住。在拉特瑙遇刺五週之後，愛因斯坦出席柏林的一場和平集會，演講者大力譴責民族主義者的暴力手段。

1923 年 11 月，阿道夫‧希特勒策動「啤酒館政變」，原本目的是推翻德國執政者，但在政變以失敗收場之後，希特勒被判叛國罪，並處以五年徒刑，不過實際入監服刑僅不到一年。

大約在這個時候，愛因斯坦開始大力提倡「戰鬥型和平主義」。他主張，和平主義者不應該在各國備戰時袖手旁觀，而是要積極阻止戰爭爆發。

1925 年，他與印度聖雄甘地、英國小說家赫伯特・喬治・威爾斯等人共同簽署一份聲明，反對義務役徵兵政策。愛因斯坦曾說：「無論戰爭的起因是什麼，我絕對會斷然拒絕以任何直接或間接方式參與戰爭，也會試圖說服我的朋友這樣做。」對此。有些人批評，面對希特勒侵略歐洲各國及消滅猶太人的野心，他的主張一點也不務實。

人生五十

把場景拉回瑞士。愛因斯坦的長子漢斯在 1927 年 5 月 7 日與芙麗妲・克內希特結婚。漢斯在就讀大學期間認識芙麗妲（他在 1926 年畢業），他相當仰慕她的才智。但是，愛因斯坦和米列娃都不支持這門婚事。他們認為芙麗妲太老（她比漢斯年長九歲），毫無魅力可言，完全配不上他們的兒子。這個情節聽起來有點熟悉，不是嗎？不過，愛因斯坦可能低估了漢斯與自己同樣頑固的程度，最後，愛因斯坦寫信給米列娃：「我竭盡全力想要說服他不要娶芙麗妲是件瘋狂的事。但是，他似乎不能沒有她，所以我說什麼都是徒勞。」

1928 年 4 月，愛因斯坦的生活和工作壓力超過身體負荷，他在訪問瑞士期間因過於勞累而暈倒。醫生發現他的心臟肥大，要求他臥床休養。艾爾莎知道她無法處理所有事務，所以聘請海倫・杜卡絲擔任愛因斯坦的私人祕書。杜卡絲是一名相當盡責的祕書，直到愛因斯坦離世，甚至之後仍為愛因

1931 年，愛因斯坦攝於德國小鎮卡普特。
照片來源：Library of Congress Prints and Photographs Division (LC-USZ-4940)

斯坦工作。

1929 年，愛因斯坦的五十歲生日即將到來，柏林市政府建議贈送柏林附近的卡普特林地，為這位柏林市最知名的市民慶生。但是，這個提議卻遭到入主政府的納粹黨斷然拒絕。於是，最後愛因斯坦逕自購買下這片林地，並在哈維爾河與坦普林湖附近興建一座小木屋。愛因斯坦非常喜歡這裡的寧靜風光，或許更貼切的說，這裡更像是遠離政治醜惡面的好地方。愛因斯坦的朋友還送他一艘小帆船當做生日禮物。

愛因斯坦寫給妹妹瑪雅的信中說：「我非常喜歡住在這棟新蓋的小木屋裡，雖然它讓我瀕臨破產。揚帆啟航、視野遼闊、秋日散步、寧靜自在——這裡就是天堂。」為了隔絕外界干擾，愛因斯坦甚至拒絕裝設電話。

愛因斯坦的次子愛德華，這時進入瑞士蘇黎士大學，未來希望成為一名精神科醫生。但第一年學業還沒結束，他就因為精神崩潰而被安置在一家機構。愛因斯坦寫信鼓勵他：「人生有如騎單車，唯有不停前進，才能保持平衡。」然而這項建議並未發揮作用，愛德華的病情愈來愈嚴重，很可能罹患了精神分裂症。此時的他需要的是醫療協助，而不是他人的建議。他之後大半的人生都在醫院度過。

美國的呼喚

．．．．．．．．．．．．．

1931 年，愛因斯坦夫婦的美國之行，讓他們暫時擺脫德國的緊張局勢。

他們先在紐約停留五天，然後搭船向南航行，穿越巴拿馬運河前往洛杉磯。

　　頭兩個月，愛因斯坦在帕薩迪納的加州理工學院擔任客座教授。愛因斯坦夫婦也前往威爾遜山拜訪哈伯。在參觀天文臺時，艾爾莎經人介紹得知，天文學家探索宇宙的形狀和性質，就是使用眼前精密的設備來進行觀測與確認，她聽完便開玩笑說：「哦！我先生是用一張舊信封的背面。」

　　這對夫婦參觀好萊塢的維塔製片廠時，盡情體驗了電影特效的神奇。在攝影棚裡，鏡頭拍攝愛因斯坦和艾爾莎假裝開一輛敞篷汽車，但是當片廠播放影片時，畫面上的愛因斯坦看起來卻像是駕車穿越洛杉磯，一路飛越洛磯山脈上空的雲層，最後降落在德國。

　　演員卓別林則邀請愛因斯坦夫婦參加他的新電影《城市之光》的首映會。當他們一同身著正式西服、步下豪華禮車時，在場群眾全都為之瘋狂。但究竟大家興奮的原因是因為看到愛因斯坦、還是卓別林？就無從得知了。

　　在帕薩迪納，物理學家亞伯拉罕‧弗萊克斯納拜訪愛因斯坦。弗萊克斯納告訴愛因斯坦自己預計在東岸成立一家研究機構的計畫，並且向愛因斯坦表達希望邀請他一同加入。這間機構不像一間大學，而是一個集合全世界偉大科學家的「智庫」，讓他們有時間和資源研究自己的理論。愛因斯坦之前在威廉大帝研究所時就有類似的經驗，但他一開始沒有接受這項提議，他笑說自己就像一棵老到無法移植的樹。不過，他沒有完全排除移居美國的選項。

　　愛因斯坦繼續從加州朝東啟程，沿途在幾個觀光地點停留。他們在亞利桑那州見到大峽谷，並和原住民霍皮族人閒談。霍皮族人欽佩愛因斯坦的和平主義，給他「偉大的親戚」這個榮譽封號。艾爾莎則利用這次旅行為幾個

愛因斯坦攝於威爾遜山天文臺。
照片來源：Courtesy of the Archives, California Institute of Technology (1.6-5)

兒童慈善機構募款——愛因斯坦簽名收 1 美元，與他合影收 5 美元，並用一本小冊子一一記錄下各筆款項。

這趟美國之行並非全是度假之旅。愛因斯坦在紐約的「新歷史學會」發表演說，提出知名的「勇敢的 2% 宣言」，他鼓勵受徵召入伍的人有 2% 挺身成為拒絕參戰者。愛因斯坦認為，縱使只有 2% 的人拒絕參戰，但這是一股足以癱瘓政府的力量，因為他們不敢把這麼多反戰者送進監獄。這場演講等同於為和平主義代言，也為預防未來的戰爭打下一劑強心針。

「勇敢的 2% 宣言」是根據梭羅的「公民不服從」以及愛因斯坦敬佩的聖雄甘地的「不合作運動」而來。然而，面對此時德國政治的風聲鶴唳，許多人不免為愛因斯坦擔心，他大聲呼籲的反戰宣言是否明智？

在德國的最後一段時光

愛因斯坦夫婦在春天回到德國。眼見希特勒的支持者愈來愈多，愛因斯坦對於眼前情勢再清楚不過——他們不可能永遠留在柏林。

1931 年至 1932 年的冬天，愛因斯坦夫婦再度返回加州，在加州理工學院進行演講。這次訪問期間，愛因斯坦接受弗萊克斯納的提議，每年在普林斯頓新成立的高等研究院待六個月。弗萊克斯納讓愛因斯坦自己開薪資條件，愛因斯坦建議每年 3,000 美元。這個數字遠遠低於弗萊克斯納的預期，於是他提議給愛因斯坦年薪 15,000 美元，並安排愛因斯坦秋天再訪美國。

不過，並不是每個人都希望愛因斯坦住在美國。有個名叫「婦女愛國團」的保守派團體要求美國國務院調查，愛因斯坦身為一名和平主義者，是否曾經參與意圖摧毀美國的「無政府共產主義」團體。他們甚至宣稱，愛因斯坦比蘇聯領導頭子史達林更危險。

　　起初，愛因斯坦覺得這件事很滑稽，於是寫了一封信給這個團體。他寫道：「我從來不曾遭遇女性對我如此強烈的排斥。就算有，也不曾一次這麼多位。」幾天後，美國駐柏林大使館果真請他過去面談。在那裡，愛因斯坦被質問他去美國的動機。他反將對方一軍說：「是你們邀請我去的，而且是拜託我去的。如果把我當成嫌疑犯，那麼我再也不會踏進你們國家一步。如果你不想發簽證給我，就請直說吧。」說完，愛因斯坦頭也不回離開。大使館最後退讓，第二天就發出簽證。

　　此時的愛因斯坦，愈來愈清楚未來人們將面對的處境——世界正一步步走向戰爭。1932 年 12 月，愛因斯坦與艾爾莎準備離開卡普特的家前往加州時，愛因斯坦鎖上家門後，轉身向艾爾莎說：「好好看它一眼。在你有生之年，你可能再也見不到它了。」伴隨著他們離開的，是三十箱沉重的行李。

　　1933 年 1 月 30 日，當愛因斯坦夫婦平安落腳在帕薩迪納時，全世界都知道希特勒已經成為德國的新總理。如今，返回德國已經是無可想望的事。愛因斯坦在 3 月 11 日對外宣告：「只要我有選擇，我只會住在一個以政治自由、寬容、以所有公民在法律之前一律平等為準則的國家；而現在的德國，不具有這些條件。」

　　後來，愛因斯坦在卡普特的住所被希特勒的祕密警察——德國蓋世太保

闖入，他們聲稱要搜索藏匿在家中的武器，但最後只找到一把麵包刀。他們沒收了愛因斯坦的帆船，凍結了愛因斯坦夫婦的銀行賬戶。後來，他們又再次一腳踹開愛因斯坦寓所大門，這些暴徒當著愛因斯坦的女兒瑪歌、杜卡絲和一名管家的面，把全部的東西一搬而空。

更精確的說，不是全部的東西，因為在蓋世太保闖進門搜刮一切之前，愛因斯坦所有的研究文件早已不見蹤影。

1931 年攝於大峽谷（由左到右）：瓦特‧梅爾、杜卡絲、艾爾莎、不知名的女士、愛因斯坦、不知名的男士。照片來源：Courtesy of the Leo Baeck Institute, New York (F 5316L)

大爆炸

當哈伯確定宇宙正在膨脹時，一個重大的問題也隨之出現——宇宙是從什麼狀態開始膨脹的？宇宙裡的一切，都可以追溯到質量和能量的一次大爆炸嗎？1922 年，俄羅斯數學家亞歷山大・弗里德曼就曾提出這個想法。1927 年，比利時天文學家、神父喬治・勒梅特也提出類似的理論。他認為，宇宙一開始可能是一個「原始原子」，而在數十億年前，這個不知道是什麼的單一物質劇烈膨脹，就像一次盛大的煙火。

愛因斯坦第一次聽到勒梅特的理論時，一開始無法接受。

但是，在 1933 年聽完勒梅特的談話之後，愛因斯坦起身鼓掌說：「關於宇宙的創造，這是我所聽過最精采、最令人滿意的解釋。」

1950 年，英國天文學家佛萊德・霍伊爾首次使用「大爆炸」一詞。儘管大爆炸理論今日已經是廣為採納的顯學，但是這個理論背後的物理學原理，卻與勒梅特原初的理論大不相同。

1940 年，愛因斯
坦成為美國公民，與
利浦·佛曼大法官合影。
照片來源：Library of Congress
Prints and Photographs Division
(LC-DIG-ppmsca-05649)

Chapter 7

美國與原子彈

「在美國，個人以及個人的創造力有發展的可能，
對我來說，這是人生最有價值的資產。」
——愛因斯坦在廣播節目《我是美國人》裡的談話，1940年。

伊爾絲的新丈夫魯道夫・凱瑟在德國的反納粹地下組織有一些人脈。他聽到傳言，納粹計畫闖入岳父愛因斯坦的住家。身為作家與編輯的凱瑟知道，愛因斯坦的個人文件對希特勒來說具有極高的價值，甚至認為這些文件可能會對國家構成威脅。或許，希特勒還可以藉由摧毀它們，內心得到一些滿足。

凱瑟決心不讓這些文件落入惡人手中。

凱瑟前往法國駐柏林大使館會見官員，並搶在納粹到來之前，把愛因斯坦所有的筆記和手稿裝箱，偷偷的帶進大使館。這箱文件最後被刻意包裹在外交郵袋中，避開納粹的檢查，從法國駐柏林大使館安全抵達巴黎。這些珍貴的文件被安置在那裡，靜靜等待有一天能重回主人的懷抱。

避居比利時

當愛因斯坦夫婦結束行程、打算返家時才知道，德國的家是回不去了，於是他們在返回歐洲的同時，一面尋找落腳之處。愛因斯坦在 1914 年移居柏林時，曾保留瑞士公民身分，但是當他入選普魯士科學院院士，同時也成為德國公民，領有德國護照與正式的德國公民身分。

1933 年 3 月 29 日，愛因斯坦與艾爾莎抵達比利時的安特衛普，立即驅車前往布魯塞爾的德國領事館，愛因斯坦交出護照，表示放棄德國公民身分。此外，在愛因斯坦得知普魯士科學院計畫驅逐他以及其他猶太科學家時，也主動寫好退出聲明，向普魯士科學院表達辭職之意。

面對德國排山倒海而來的反猶太聲浪，當初邀請愛因斯坦到普魯士科學院任職的普朗克，在一封給友人的信中遺憾地寫下：「即使我們在政治問題上有很深的鴻溝，但是我確信在歷經未來幾個世紀裡，愛因斯坦都會是學院有史以來最耀眼的一顆明星。」

在考慮下一步該做什麼時，愛因斯坦夫婦先在比利時海岸的小鎮拉科克

蘇爾默租了一間小屋。愛因斯坦在布魯塞爾參加索爾維會議期間，便與比利時國王亞伯特和王后伊莉莎白成為朋友，愛因斯坦曾與王后一起拉小提琴，她非常喜歡有他作陪，兩人也經常互相寫信，結下深厚的情誼。

國王特地派兩名守衛在愛因斯坦新家保護他。因為這時在德國納粹的「國家敵人」小冊子上，竟然出現一張愛因斯坦的照片，照片標題是「尚未絞死」，納粹甚至提供懸賞獎金 20,000 馬克（當時折合約 5,000 美元，相當於今日的 90,000 美元）。情況危急之下，愛因斯坦的家人也決定逃難——杜卡絲與梅爾在 4 月抵達比利時與愛因斯坦夫婦會合；瑪歌和她的夫婿逃到巴黎；至於伊爾絲則和她的夫婿留在柏林。

留在德國的猶太人日子一天比一天難過。4 月 7 日，德國正式公布禁止猶太人擔任公職。十四名猶太裔諾貝爾獎得主逃離德國，為此，愛因斯坦有句著名的預言：「等到戰爭來臨，希特勒就會明白驅逐猶太科學家將對德國帶來多大的傷害。」4 月 25 日，納粹頒布《反對德國學校與高等教育機構過度擁擠法》，幾乎排除所有猶太人進入學校。5 月 10 日，柏林舉行第一場焚書活動，四萬人在國家歌劇院前，看著成堆的猶太作家書籍（包括愛因斯坦的相對論）在火海中燃燒殆盡。

愛因斯坦寫信給玻恩自嘲：「現在，我在德國已經升級為『邪惡怪獸』。我所有的錢都被沒收，我只能安慰自己，錢這種東西本來就消失得很快。」

這時，希特勒計畫跨越德國邊界、向外進行軍事擴張的野心已是昭然若揭。有人問愛因斯坦，他是否仍然支持和平主義，讓許多人訝異的是，他改變了立場。他寫道：「如果我是比利時人，在目前的情況下，我不會拒絕服兵

比利時的伊莉莎白王后。照片來源：Courtesy of the Leo Baeck Institute, New York (F 5338)

役，而會欣然從軍，因為我們應該為拯救歐洲文明盡一分力。」然而愛因斯坦這樣的發言，也挑起幾個和平主義團體對他的抨擊。

另一方面，美國高等研究院提議給愛因斯坦終身全職的職位。經過深思熟慮，他決定捨棄其他大學的邀約，接受高等研究院的聘書。

5月，愛因斯坦前往蘇黎士探望米列娃和愛德華。愛因斯坦住在米列娃家，然後去精神病院看兒子。他帶著他的小提琴，希望能像以前一樣與愛德華演奏二重奏，可惜的是，愛德華可能太過緊張或是精神渙散而無法彈奏鋼琴。這是愛因斯坦最後一次見到愛德華和米列娃。

愛因斯坦和艾爾莎離開比利時後，在英國牛津逗留幾個月，他們住在一位國會議員家裡，並且與後來擔任英國首相的溫斯頓·邱吉爾見面。多年來，邱吉爾一直發出警告，要大家小心希特勒的邪惡意圖。而今，邱吉爾的預言成真了。

1933年10月7日，愛因斯坦與艾爾莎搭乘西摩蘭號，從英國南安普敦港出發前往紐約。與他們同行的還有杜卡絲和梅爾。自此之後，他們再也沒有回到歐洲。

落腳普林斯頓

1933年10月17日，愛因斯坦夫婦抵達紐約，當地舉行一場盛大的遊行來歡迎他們，但是在弗萊克斯納的安排下，愛因斯坦夫婦直接從遊輪轉搭一

艘接駁船，躲過人群順利上岸，再搭車前往普林斯頓。弗萊克斯納對外發表聲明：「此刻，愛因斯坦博士只想要安靜、不受打擾。」

然而，這段聲明更像是弗萊克斯納的個人願望，而不是出自愛因斯坦夫婦的要求。弗萊克斯納希望愛因斯坦能避免一切爭議，尤其是反猶太主義者的關注。但是愛因斯坦移居美國卻是一件動見觀瞻的大事，正如法國物理學家保羅·朗之萬下的絕妙註腳：「這就像梵蒂岡從羅馬搬家到新世界一樣重要。物理學的教宗搬了家，這意味著美國將會成為自然科學的中心。」

愛因斯坦一家先在一家旅館短暫停留，然後搬進一間租屋。高等研究院則在普林斯頓的數學大樓，為愛因斯坦設立一間臨時辦公室。當被問到需要什麼用品時，愛因斯坦回答：「一張書桌、椅子和紙筆。哦！對了，還要一個大垃圾桶，好讓我丟掉所有的錯誤。」

城裡來了一位國際名人，普林斯頓的居民有些人為此感到開心，有些則正好相反。愛因斯坦一家倒是相當喜愛寧靜的小鎮生活。聖誕節到了，一群第一長老教會的信徒來到愛因斯坦家門前報佳音，愛因斯坦從屋裡走出來，拉起小提琴加入他們的行列。萬聖節時，幾個孩子到他家門口玩「不給糖，就搗蛋」，沒想到愛因斯坦也頑皮的跟他們要糖吃，讓這群孩子目瞪口呆，驚訝到忘了自己原本要來這裡做什麼。

愛因斯坦顯然悠遊自得於美國的自由新生活。他寫信給比利時伊莉莎白王后時提到，自己相當欣賞「（美國）人民的民主特質，當面對別人或比自己高的社會階級時，沒有人會覺得自己矮人一截。」即使在總統面前也是如此。

1934 年 1 月 24 日至 25 日，愛因斯坦受邀在白宮住一晚。這項邀請是由

猶太拉比史蒂芬・懷斯所安排，讓愛因斯坦能夠與上任不到一年的小羅斯福總統談論歐洲猶太人的困境，以及德國的未來發展。羅斯福總統和愛因斯坦還暢談彼此對於航海的熱愛。當羅斯福告訴愛因斯坦，按照一項國會法案，他應該可以得到美國公民身分的授予。但是愛因斯坦堅持，他們應該比照其他難民的申請處理。

伊爾絲之死

幾個月後，艾爾莎得到一個壞消息，她的女兒伊爾絲罹患急性白血病，並由住在巴黎的姊姊瑪歌照顧。艾爾莎立刻搭船前往，希望能見到親愛的女兒最後一面（伊爾絲的先生凱瑟在妻子死後返回荷蘭）。

還記得當年差點兒被蓋世太保沒收、後來存放在法國大使館的那一大箱愛因斯坦研究文件嗎？後來這些文件偷偷的從柏林運到巴黎，並由瑪歌和魯道夫領回、存放在他們的公寓裡。如今，該如何將這些文件順利運到美國？

艾爾莎擔心海關可能會因為她不是美國公民而沒收這些文件，因此商請在普林斯頓的鄰居安德魯與卡洛琳・布雷克伍德夫婦幫忙。布雷克伍德夫婦向海關聲稱文件是他們的，「是為了學術研究而在歐洲蒐集的資料」，最終順利通關。

面對女兒的離世，回到美國的艾爾莎彷彿變了一個人。認識她的人都說，那年春天的她蒼老了許多。1934 年夏天，她的女兒瑪歌與丈夫分居，也

到普林斯頓投靠愛因斯坦夫婦。

1935 年 8 月，長期以來租屋的愛因斯坦夫婦買下默瑟街 112 號的房子。愛因斯坦的書房在二樓，內有一片大景觀窗，他可以一邊俯瞰後院花園，一邊思考。瑪歌和杜卡絲也與他們同住，還有他們的狗狗「奇哥」、貓咪「小虎」，以及一隻名字叫做「畢波」的鸚鵡。這棟小屋離高等研究院只有幾條街，愛因斯坦喜歡每天走路往返家裡和辦公室。不過有時候，他會因為思考得太過專注而迷路，幸好總是會遇到樂於助人的學生或鎮民為他指引回家的方向。

對於住在附近的孩子來說，有個天才當鄰居，總是令他們感到特別興奮。有一天，八歲的阿德蕾‧德隆帶著一盤軟糖來到愛因斯坦家門前，問愛因斯坦能不能幫她解釋一道數學習題。等到她的父母發現並向愛因斯坦道歉時，她已經來過好幾回。愛因斯坦則告訴女孩的父母：「你們完全不需要道歉。我從你的孩子身上學到的，和她從我身上學到的一樣多，」接著，他促狹的補上一句，

名人筆友

世界各地的孩子都喜歡寫信給愛因斯坦，而他也經常回信。1951 年，一個名叫安的六歲女孩寫道：「我在報紙上看到你的照片。我覺得你應該理個頭髮，這樣會更好看。」

1946 年，來自南非的年輕仰慕者向愛因斯坦要一張親筆簽名照。愛因斯坦寄出照片之後，對方回信坦承自己是女生（她在第一封信中沒有說這件事）。她寫說：「我討厭洋裝、討厭跳舞，也討厭女生通常會喜歡的那些愚蠢事物。我比較喜歡馬，也喜歡騎馬。很久以前，在我想要當科學家之前，我想當一名騎師，之後參加比賽。不過，那是很久以前的事了。現在，我希望你不要因為我是女生而小看我！」

愛因斯坦回信說：「我完全不介意你是女生，但最重要的是，你自己不要介意。」

還有一個名叫芭芭拉的女孩在 1943 年寫信告訴愛因斯坦，她在學習數學遇上了困難。愛因斯坦回信鼓勵她：「不必擔心。我向你保證，我遇到的困難更嚴重。」

愛因斯坦在普林斯頓的家，默瑟街 112 號。
照片來源：Courtesy Historical Society of Princeton
(A_9_g_002)

「你們知道她想要用糖果賄賂我嗎？」

愛因斯坦似乎與普林斯頓的孩子很投緣。他經常會動動耳朵，逗孩子們開心。事實上，除了和孩子們說說話，孩子們對他似乎從來沒有太多要求，這一點和許多大人都不一樣。許多人好奇的問愛因斯坦為何不穿襪子，愛因斯坦告訴他們：「我已經到了如果有人要我穿襪子，我可以不必照做的年紀。」

但是，愛因斯坦在普林斯頓的幸福新生活並沒有持續多久。1935 年秋天，艾爾莎發現自己病得很重。她的心臟和腎臟都在衰竭。接下來一年，她的健康每況愈下。1936 年 12 月 20 日，艾爾莎在家中過世。

戰火已近

這時的德國，整個籠罩在希特勒及其追隨者對任何被其視為國家公敵的迫害風暴中。1935 年秋天，《紐倫堡法案》剝奪所有德國猶太人的公民身分，並禁止他們與非猶太人通婚。1938 年 3 月 12 日，德國吞併奧地利，將它納入第三帝國的版圖（希特勒的出生地就是奧地利）。

接下來，在 1938 年 11 月 9 日晚上，一名德國外交官在巴黎遭人誤傷致死，納粹以此為藉口，開始在德國和奧地利各地襲擊猶太人。當晚，有超過

1,600 座猶太會堂遭到洗劫或放火，數千家猶太人的企業被砸毀。許多猶太人被毆打致死，被逮捕並送往集中營的人更是不計其數。這起悲劇被稱為「水晶之夜」，別稱「碎玻璃之夜」，因為所有猶太商店的櫥窗都被打碎。

愛因斯坦的妹妹瑪雅原本住在義大利翡冷翠。由於義大利在墨索里尼和國家法西斯黨的控制下，與希特勒的德國沆瀣一氣，這意味著瑪雅留在義大利並不安全。因此，瑪雅在 1939 年移居美國，然而瑪雅的丈夫保羅·溫特勒被美國拒絕入境，因此只好移居至瑞士日內瓦。

自從艾爾莎離世後，愛因斯坦一直悶悶不樂，如今瑪雅來到普林斯頓，終於讓他感到開心。沒有人像妹妹瑪雅那樣理解愛因斯坦。此時，他們甚至連髮型都很相似。

在瑪雅抵達美國的幾個月前，愛因斯坦的兒子漢斯一家也移民美國。漢斯和芙麗妲有兩個年幼的兒子伯恩哈德和克勞斯。然而，在他們抵達美國幾個月後，克勞斯不幸死於白喉。漢斯在南卡羅來納州定居，並從事土壤保持研究工作。由於他和父親的關係劍拔弩張，這樣的安排使得兩家既往來便利，又能保持距離。

愛因斯坦則以煥然一新的活力，重新投入他的統一場理論研究。他在寫給蘇黎士老友蒼格爾的信中提到：「儘管後輩們過早踏入喪失希望的墓地，但我依然滿懷熱情的工作著。」年輕、未成名的物理學家們受到種種局限，無法自由探索如此艱難的領域，所以愛因斯坦覺得自己必須承擔起這個使命。他擁有很好的人脈與聲望，有本錢可以盡其一生，去尋找那個他可能永遠無法找到的東西。

在「水晶之夜」，巴登市一間失火的猶太會堂。照片來源：Courtesy of the Leo Baeck Institute, New York (F 229)

除了自己的科學工作，愛因斯坦也投入大量時間幫助逃離歐洲的猶太人。1930 年代後期，他收到數千封來自難民的求助信，並盡己所能的大力幫忙——他從事援助難民的工作，為許多要來美國移民的人擔任財務保證人。他寫信給貝索說：「我們能從求援者身上感受到深沉的壓力，那幾乎是瀕臨絕望。」

世界局勢已經夠惡劣了，緊接著又傳來更糟的消息。1938 年 12 月，在柏林的德國科學家做到連愛因斯坦都認為不可能的事——分裂原子。

兩封信

波耳還住在丹麥時，透過同事輾轉得知，威廉大帝研究所的奧圖·哈恩和弗里茨·斯特拉斯曼已經成功分裂鈾原子。他們朝原子發射中子，在這個過程釋放大量能量，證實了愛因斯坦的質能轉換公式 $E=mc^2$。從德國逃到瑞典的物理學家莉澤·邁特納把這個過程取名為「核分裂」，這個名詞一直沿用至今。

1939 年 1 月，波耳來到普林斯頓告知愛因斯坦和其他人這個壞消息，不過好消息是，德國人還不清楚要如何利用這種新能源，分裂鈾原子目前仍處在實驗階段。不過有些物理學家深信，它有朝一日可能會發展成一種新型武器。

對這種新能源的發展最感憂心的人，莫過於愛因斯坦的朋友西拉德。1933 年，他在倫敦街頭一邊漫步、一邊思考時，一個構想浮現他的腦海——

以核連鎖反應釋放大量能量。並做了一些研究，希望能得到更多收穫。當得知德國人在鈾原子的成就時，他知道自己必須趕緊採取行動了！

1939 年 7 月 15 日，西拉德和物理學家尤金・維格納驅車前往紐約長島，在一間度假小屋裡找到他們的老朋友愛因斯坦。他們坐在小屋前廊，向愛因斯坦解釋如何經由核分裂，啟動爆炸性連鎖反應。愛因斯坦聽完以後說：「我從來沒想過耶！」接著，他向西拉德、維格納提出幾個問題後，很快就理解狀況——只要能夠取得鈾，任何人都可以製造威力強大的炸彈。

在哪裡可以找到這種鈾呢？答案是位於非洲中部的剛果，當時是比利時的殖民地。這就是西拉德來找愛因斯坦的原因——他希望愛因斯坦幫忙聯絡比利時伊莉莎白王后，阻止德國取得剛果的鈾礦（亞伯特國王在 1934 年死於登山事故）。

可是，他們擔心如果在缺乏美國總統的支持下便採取行動，可能不夠謹慎。因此，愛因斯坦在 8 月 2 日署名一封信，由總統的經濟顧問亞歷山大・薩克斯親手交給羅斯福總統。愛因斯坦在信中提到：

> 一些最近的研究成果……讓我預期在不久的未來，鈾元素可能會變成一種重要的新能源。……這個新現象也將催生……極其強大的新型炸彈。……只要一顆這種類型的炸彈，由船隻運載並在港口引爆，很可能就足以摧毀整個港口連帶周邊的土地。……有鑑於此，您或許會同意美國政府與研究連鎖反應的物理學家之間，應建立並維持聯繫。

然而，薩克斯一直到 10 月 11 日，也就是德國入侵波蘭六週之後，才把

李奧・西拉德。照片來源：Argonne National Laboratory, courtesy AIP Emilio Segre Visual Archives, gift of William Numeroff

這封信送到總統手中。羅斯福總統了解信件內容後，立刻成立「鈾顧問委員會」。一個月後，委員會向總統報告調查結果，但是後續進展卻相當緩慢。1940 年 3 月 7 日，愛因斯坦又寫了一封信給薩克斯，信中寫道：「自從戰爭爆發以來，德國對鈾愈來愈有興趣。」警告美國應該重新審視相關議題。

一週後，薩克斯把第二封信交給羅斯福總統。鈾顧問委員會擴大編制，但是在接下來的一年半內並沒有取得什麼重大成就。1941 年 12 月 6 日，羅斯福總統終於啟動美國製造原子彈的「曼哈頓計畫」。第二天早上，日軍飛機突然轟炸珍珠港。

戰爭與炸彈

雖然聽起來既不可思議又荒謬可笑，但是促請總統開啟曼哈頓計畫的愛因斯坦卻被禁止參與其中。聯邦調查局局長胡佛懷疑愛因斯坦的政治立場，還指出他曾參與社會主義與和平組織。他曾寫說：「有鑑於此種激進的背景，不建議當局聘請愛因斯坦博士涉及國家重要機密之事。」因此，儘管愛因斯坦的許多同事都前往祕密基地（例如田納西州的橡樹嶺和新墨西哥州的洛斯阿拉莫斯），參與原子彈研發工作，但愛因斯坦卻留在普林斯頓。

1940 年 6 月 22 日，愛因斯坦參加美國公民考試，他通過了考試，瑪歌和杜卡絲也是。10 月 1 日，三人與其他八十六名移民一起在紐西州特倫頓市的法院，宣誓成為美國新公民（不過，愛因斯坦確實保留他的瑞士公民身

分）。一個月後，他們在第一次美國大選中投票。

　　美國在 1941 年末參加第二次世界大戰之後，愛因斯坦當起顧問，協助美國海軍開發用於摧毀魚雷的炸藥。他曾開玩笑說自己是「海軍唯一一個不用理平頭的人」。1944年，他捐出一篇關於「雙向量場」的論文，以及重新抄寫一份 1905 年狹義相對論論文的手稿，把拍賣所得用於購買戰爭債券。這些論文總共賣出 1,150 萬美元，其中狹義相對論論文賣出金額為 650 萬美元（兩篇論文後來都捐贈給國會圖書館）。

　　西拉德則前往芝加哥，協助義大利物理學家恩里科·費米創造第一個核連鎖反應。他們在芝加哥大學的壁球場建造鈾石墨堆——它有個貫穿中心的洞。根據他們的計算，在他們最後將控制棒滑入孔中，就能產生所謂的「臨界質量」。

愛因斯坦對一群美國聽眾演講。照片來源：Library of Congress Prints and Photographs Division (LC-H22-D-9005)

這是所有核連鎖反應的運作原理——把放射性物質緊密聚集成一束，從中心控制棒釋放的中子會分裂它們周圍的原子，然後釋放出更多中子，再分裂更多原子，依此類推不斷循環。如果這個過程的速度緩慢，分裂反應的次數也會降低，但是如果速度很快，釋放的能量就會高到形成爆炸。

1942 年 12 月 2 日，珍珠港事件發生後不到一年，費米等人聚集在足球體育館看臺下方的球場，看著控制棒慢慢插入鈾石墨堆。感應器檢測到中子增加，控制棒推進得愈多，中子就愈多。連鎖反應開始。二十八分鐘之後，他們移除控制棒，連鎖核反應停止。

雖然愛因斯坦沒有直接參與曼哈頓計畫，但是從他知道的幾件事便可推敲出，美國研發原子彈應該會成功。他開始反省自己的所作所為，以及這項毀滅性武器將會為世界帶來什麼影響。他在給波耳的信中寫道：「這些政治人物不知道原子彈可能會為人類帶來什麼威脅，也不知道後果會有多麼嚴重。」

波耳是半個猶太人，才剛逃離德國控制的丹麥，又帶著假護照前往美國。他現在的新身分是尼古拉斯·貝克。受到政府徵召前往新墨西哥州洛斯阿拉莫斯的他，途中在普林斯頓停留。面對眼前的局勢，他告訴愛因斯坦盡量保持沉默，才能保護自己。

在洛斯阿拉莫斯，曼哈頓計畫在愛因斯坦高等研究所的前同事羅伯特·歐本海默的指導下，利用費米的發現製造強大的新型炸彈。1944 年，他們開始在新墨西哥州南部的沙漠籌建一處核試驗場。1945 年春天，試驗場已經準備就緒。

那年 3 月，西拉德也對原子彈的用途憂心忡忡——歐洲的戰爭已經接近

費米在芝加哥大學的原子反應爐。照片來源：
Courtesy AIP Emilio Segre Visual Archives

尾聲（德國將在 5 月 7 日投降），德國短期間也造不出原子彈，那麼美國何必急著完成呢？於是西拉德拜訪愛因斯坦，敦促他再寫一封信給羅斯福總統。愛因斯坦寫道：

我知道西拉德現在非常擔心，從事這項工作的科學家與負責制定政策的內閣成員之間缺乏適切的聯繫。……我希望您能對他提出的陳述給予關注。

西拉德懇請總統，不要以道德為理由在日本投擲炸彈，傷害無辜的日本民眾。但是，愛因斯坦的信確實送到了白宮，羅斯福總統卻從未看過那封信，因為在 4 月 12 日，羅斯福總統去世了。後來，他們才在總統辦公室裡發現這封不曾被拆開的信。

邱吉爾、羅斯福和史達林，攝於 1945 年的雅爾達會議。兩個月後，羅斯福與世長辭。照片來源：Library of Congress Prints and Photographs Division (LC-DIG-ppmsca-05649)

長崎上空的蕈狀雲。照片來源：Library of Congress Prints and Photographs Division (LC-USZ62-36452)

1945 年 7 月 16 日清晨，新墨西哥州沙漠的天空裡，升起一朵巨大的火球。歐本海默成功引爆世界上第一顆原子彈，它的威力相當於兩萬噸黃色炸藥的爆炸力。

三週後，也就是 8 月 6 日，一架美國飛機在日本廣島投下一顆原子彈。消息從廣播傳來時，愛因斯坦正在小睡。他醒來後，杜卡絲告訴他這個消息。他頓了一下，然後用德語說：「哦，糟糕了。」8 月 9 日，第二顆原子彈在長崎投下。六天後，日本投降。第二次世界大戰結束。

連鎖反應

當太多放射性物質（臨界質量）與其他放射性物質過於接近時，就會發生連鎖反應。在這個活動裡，我們用多米諾骨牌模擬連鎖反應，請將每個多米諾骨牌想像成一個鈾原子。

請準備：
◆ 一組多米諾骨牌
◆ 平坦的桌面

首先，把一組多米諾骨牌排列成一種結構，各個骨牌的距離都大於一個骨牌的長度。

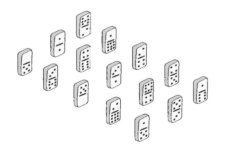

現在，推倒一個多米諾骨牌。看看會發生什麼現象？

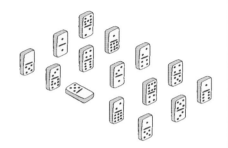

沒有發生任何事，因為骨牌距離得太遠。接著，在你剛剛排列的各個骨牌之間，再多放一塊骨牌（代表多一個鈾原子）。現在，各塊骨牌之間的距離應該非常接近了。

再推倒每一列第一塊骨牌，看看這次會發生什麼情況。

在費米進行的實驗中，鈾和石墨的堆疊就像你排列的第一組骨牌。因此，當他把控制棒插入鈾石墨堆時，就像是增加骨牌。

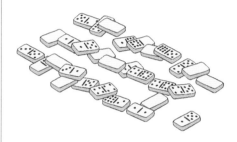

Chapter 8

為和平與人權
挺身而出

「我在新祖國就像家裡那個口無遮攔到讓人尷尬的孩子，
因為我無法保持沉默，無法對這裡發生的種種忍氣吞聲。」
——愛因斯坦對比利時伊莉莎白王后的談話，1954 年

戰爭剛結束，愛因斯坦卻嚇壞了。1939 年的信件和那個舉世聞名的公式，讓他被眾人公認為開發原子彈的大功臣。他在給兒子的信中寫下：「親愛的漢斯，我的科學工作與原子彈只有非常間接的關係。」

廣島有八萬多人喪生、長崎有七萬多人喪生，之後幾年間更有數以萬計的人死於輻射後遺症，而人們卻大聲歡呼這是「科學的勝利」？

戰後的生活

．．．．．．．．．．．．．．．．．

1945 年，愛因斯坦正式從高等研究院退休，但是他仍然保有一間辦公室，能在那裡繼續研究統一場理論。在普林斯頓附近，人們經常會看到他漫步的身影。有時候，他會在十字路口中間停下來與同事辯論，任憑汽車從身邊疾駛而過。

另一方面，在蘇黎士的米列娃和愛德華過得並不順遂。1939 年，米列娃不得不賣掉兩間有房租收益的房子，愛因斯坦在 1946 年買下她最後一間房子，也就是她居住的那一間，以免她無家可歸。那年 5 月，她前往蘇黎士大學附屬精神醫療院探望愛德華，途中不慎在冰上滑倒。她倒在雪地裡失去知覺，等到有人發現時已經奄奄一息。

米列娃的傷勢復元後不久，又在 1948 年 5 月 24 日因中風而癱瘓在床，旋即在 8 月 4 日去世。米列娃離世後，被人發現床墊裡藏了 85,000 瑞士法郎。這筆錢被轉給醫院，供愛德華治療之用。

瑪雅也在 1948 年中風。她臥床不起，在默瑟街待了三年。愛因斯坦每天晚上都為妹妹朗讀，一直到她 1951 年 6 月 25 日去世為止。愛因斯坦傷心欲絕。他寫道：「我對她的思念超乎想像。」

愛因斯坦愈來愈常待在他那艘「帝奈夫」（在意第緒語中，意思是「一文不值的垃圾」）號帆船上，獨自在普林斯頓的卡內基湖航行。他完全不會游泳，但從來不穿救生衣。

愛因斯坦或許也曾考慮退出公共領域，但是他覺得自己有責任對影響國

家和世界的重大問題發表意見。1946 年 7 月 1 日，《時代》雜誌以愛因斯坦做為封面人物，背景配圖是蕈狀雲和他著名的方程式。如果世人視他為催生原子彈的關鍵人物，那麼他覺得自己就有責任阻止炸彈的不當使用。

防止核武器擴散

戰爭結束後，歐本海默回到紐澤西執掌高等研究院。他於 1935 年第一次見到愛因斯坦後，在寫給弟弟的信中提到：「愛因斯坦是個不折不扣的瘋子。」現在，這位舉世聞名的科學家愛因斯坦公開表示，後悔參與歐本海默領導的曼哈頓計畫。

1946 年 5 月，愛因斯坦出任「原子科學家緊急委員會」第一任主席（西拉德也是創始委員之一）。委員會相信，軍備控制應該由比新成立的聯合國更強大的「跨國家」世界政府來執行。愛因斯坦在委員會的第一批募款電報裡警告說：「原子彈釋放的力量改變了一切，卻沒有改變人類的思考模式。此刻的我們，只能赤手空拳朝向空前的災難。」

許多人和歐本海默一樣，批評愛因斯坦是個迂腐、過時、不切實際的夢想家。但愛因斯坦生來就是「寧鳴致死，不默而生」。1947 年 3 月，他對《新聞週刊》說：「要是我當初知道德國人做不出原子彈，我絕對不會動一根指頭提筆寫信。」他也對同僚提出質疑。例如 1948 年，他告訴《紐約時報》：

愛因斯坦，攝於 1947 年。「最令人揪心的改變是他的眼神……這張暗沉的臉孔，清楚刻劃著由內而外被吞噬的痕跡。」——阿娜東妮亞・華倫婷。照片來源：Library of Congress Prints and Photographs Division (LC-USZ62-60242)

身為科學家的悲劇，就是一直協助改良滅絕技術，不斷讓它變得更可怕、更有效。我們必須竭盡所能，防止這些武器被運用在實現那些殘酷的目的，這是我們嚴肅且超然的責任。

至於蘇聯呢？雖然蘇聯在戰爭期間是美國的盟友，但美蘇彼此仍是處於敵對的緊張狀態。如果蘇聯擁有原子彈，將會演變成什麼樣的情形？

1949 年 8 月 29 日，問題的答案正式揭曉。蘇聯在哈薩克引爆第一顆原子彈，隨著冷戰（西方民主陣營與東歐共產集團之間，長達四十年的緊張關係）時代的來臨，愛因斯坦充滿理想主義的建議被擱置一旁。有人開始說，愛因斯坦不只天真，而且非常危險。1950 年，密西西比州議員約翰·蘭金率先在美國眾議院憤怒譴責愛因斯坦：「自從發表關於相對論的著作、說服世界

鑀元素 (Einsteinium)

1952 年，美國在南太平洋的比基尼群島上空，引爆一種以核融合技術製造的氫彈。研究人員在試爆後採集的珊瑚樣本中，發現一種新的放射性元素，原子序為 99，並將其命名為「鑀」，以紀念愛因斯坦的貢獻。不過，鑀既是由氫彈而來，真不知道反對發展氫彈的愛因斯坦會做何感想？

相信光有重量，他就一直在利用自己身為科學家的聲望……從事共產主義活動。」

投身民權運動

國會議員蘭金之所以說愛因斯坦從事「共產主義活動」，不只關乎他反對核武的立場，也與他對公民權利的堅持息息相關。愛因斯坦雖然熱愛美國，但他對非裔美國人在美國所面臨的歧視深感不安。

早在 1937 年時，著名歌劇女低音瑪麗安·安德森曾經到普林斯頓參加麥卡特劇院的音樂會，卻因為是黑人而被旅館拒絕入住。愛因斯坦得知此事後，邀請安德森來默瑟街的家裡住宿，而她答應了。兩人因為喜愛音樂

帆船大挑戰

愛因斯坦熱愛駕駛帆船，他說這是種「能量需求最低的運動」。他在普林斯頓買了一艘船，取名為「帝奈夫」（意思是「一文不值的垃圾」）。

這項活動要測試你的造船技術。你需要準備什麼材料？沒錯，正是些一文不值的垃圾！

請準備：

◆ 1 張薄卡紙，切割成邊長為 20 公分的正方形
◆ 1 張鋁箔紙，切割成邊長為 20 公分的正方形
◆ 2 根吸管
◆ 膠帶
◆ 剪刀
◆ 100 個一塊錢硬幣
◆ 一大碗水

你的挑戰是製作一艘可以漂浮在水面上的船，而且只能運用上述材料。膠帶可用於修補孔洞，也可以用來固定鋁箔紙、卡紙和吸管，但是不能用它來製作新零件。

船造好之後，讓它漂浮在一盆水上，然後往船裡逐次添加硬幣，直到它沉沒為止。數一數，它可以裝載多少枚硬幣？

有沒有什麼方法可以改良你的設計，讓船能夠承載更多硬幣？動手做做看吧！

在蘇黎士湖上揚帆。

歷史性的音樂會

在聲樂家安德森初次見到愛因斯坦兩年後，她又被擋在華盛頓特區憲法廳外，無法在復活節週日音樂會登臺。原因是擁有該廳的保守派團體「美國革命女兒會」，不肯讓非裔美國人在實施種族隔離的劇院演出。

聽聞這個消息，美國第一夫人愛蓮娜・羅斯福憤而辭去在美國革命女兒會的職務，並說服內政部長安排安德森在林肯紀念堂前的臺階表演。當天，現場湧入超過 75,000 人到場聆聽。安德森演唱的第一首歌曲是《為妳，我的國家》：

為妳，我的國家，
美好的自由之地，我為妳歌唱。
我父輩死去的土地，
朝聖者自豪的土地，
在每一處山崗，讓自由迴盪！

1939 年 4 月，內政部長哈洛德・艾克斯在林肯紀念堂的音樂會恭賀瑪麗安・安德森。照片來源：Library of Congress Prints and Photographs Division (LC-H22-D-6300)

而結緣，成為一生摯友。後來，安德森每次來普林斯頓都會住在愛因斯坦家，一直到愛因斯坦離世。然而，在許多主張美國實行種族隔離制度的人眼中，愛因斯坦的善意之舉實在令他們難以接受。

在當時，普林斯頓與大多數美國城鎮一樣實施種族隔離（當時的非裔美國學生禁止就讀普林斯頓大學），當地黑人人口很多，但是絕大多數都被限制居住在一個名叫威瑟斯朋的社區中。愛因斯坦上醫院時會經過威瑟斯朋，他會和那裡的居民在臺階或門廊聊天，因此相當了解當地居民因為種族而遭受到的不公待遇。

1946 年 1 月，愛因斯坦在為《佳麗》雜誌撰寫的〈黑人問題〉一文中寫道：「美國人的平等和尊嚴往往只限於白人男性。我愈覺得自己像美國人，這種情況就愈讓我感到痛苦。」他相信唯一的解決辦法，就是像他這

樣的人要挺身而出、勇於發聲。

那年五月，他應邀訪問賓州費城西邊的林肯大學，這是一所歷史悠久的黑人大學。他為學生上了一堂相對論的課，然後接受榮譽學位，並對畢業生發表談話。他說：「我不相信有什麼速效藥可以治癒這種根深蒂固的邪惡（種族主義）。但是，在實現這個目標之前，能為正義且善良的人帶來最大滿足的，莫過於知道自己會竭盡心力去實踐良善的理念。」

拒絕擔任以色列總統

愛因斯坦在人生最後幾年裡最關心的另一個理想，就是要建立猶太人的家園。他在 1921 年第一次訪問美國，就是為了幫猶太復國主義組織募款。隨著第二次世界大戰結束，這個理想似乎變得更加重要。

雖然人們早就知道希特勒與其黨羽意圖迫害猶太人，但是直到戰爭結束後，人們才知道實際情況這麼嚴重。在歐洲，有六百萬猶太人慘遭殺害，就連吉普賽人、斯拉夫人、同性戀者、耶和華見證人、殘疾者、不符合純種雅利安人條件的人，統統成為迫害目標，愛因斯坦有許多親戚都是受害者。

猶太復國主義者認為，要防止此類悲劇在未來再度發生最好的辦法，就是猶太人能在中東建立家園。戰前有許多猶太人逃往巴勒斯坦，想在這裡建立以色列國。愛因斯坦雖然認同猶太難民應該有一個安全的避風港，但是他認為必須妥善處理巴勒斯坦的阿拉伯人與猶太人間的衝突。但是，當以色列

於 1948 年 5 月 14 日建國時，愛因斯坦在立場上做出讓步。他寫道：「我從來不曾認為建立國家的想法有可取之處。但現在已經無法回頭，人們必須奮鬥到底。」雖然如此，愛因斯坦始終強烈呼籲，狹隘的民族主義將會帶來危險。

1949 年，曾為愛因斯坦籌劃第一次美國之行的魏茲曼成為以色列第一任總統。不同於美國總統，以色列總統是象徵性的虛位元首，因此真正管理政府的是總理──大衛‧班─古里昂。

1952 年 11 月 9 日，魏茲曼去世，當時社會輿論要求讓愛因斯坦繼任總統，這讓班─古里昂非常緊張。他問他的顧問以扎克‧納文：「如果他答應了，我該怎麼辦？我不可能不把這個職位給他。但是如果他接受這個職位，我們可就麻煩大了。」

不過，愛因斯坦可沒興趣當以色列總統。聽到大家要他當總統消息時，他覺得實在太荒謬，因而忍不住和瑪歌、杜卡絲一起大笑起來。直到班─古里昂正式徵詢他的意願，他才開始認真思考該如何委婉拒絕。他告訴瑪歌：「如果我當總統，有時候就會不得不對以色列人民說些他們不喜歡聽的話。」愛因斯坦從來就不善於隱藏自己的真實想法。

愛因斯坦與班─古里昂，攝於 1951 年 5 月。
照片來源：Alan Windsor Richards, Princeton, courtesy of the Leo Baeck Institute, New York (F 5343A)

對抗麥卡錫主義

隨著冷戰升溫，美國的恐懼感也日益加深。面對蘇聯迅速研發出原子彈，美國眾議員和參議員莫不猜測，誰可能是蘇聯間諜。而積極倡議世界政府和裁撤核武的愛因斯坦，怎麼看都是個很可疑的目標——至少他們是這樣認為的。

所謂的「紅色恐慌」，指的就是這波在政府、娛樂圈和教育界追捕疑似共產主義者的行動，它源自「眾議院非美活動調查委員會」。這個委員會從1930年代後期就已經存在，但是一直到1940年代後期，才成為一股強大的破壞力量。從1947年開始，它開始傳喚好萊塢演員、作家和製片人為娛樂圈的共產主義者作證，拒絕作證的人會被列入「拒絕僱用」的黑名單，數百人的事業和生活因此被摧毀。

但是，委員會並沒有就此收手。1948年，委員會開始在政府裡搜索蘇聯間諜。其中，眾議員尼克森對國務院官員阿爾傑・希斯的窮追猛打，讓他獲得全國關注，日後更成為美國總統。

在愛因斯坦的眼中，「紅色恐慌」看起來實在太熟悉了。就像德國把第一次世界大戰的失敗怪到猶太人、和平主義者和社會主義者頭上一樣，現在美國也鎖定自由主義者、知識分子和社會主義者，指責他們對美國構成威脅。

在美國，眾議院和參議院有權像法庭一樣，傳喚任何人到國會回答問題。然而，根據美國憲法第五修正案的保障，人民有權拒絕為自己作證。此外，人民有權思考並表達他們所相信的一切，而不會受到政府的懲罰。

愛因斯坦是知識和個人自由的堅定信仰者，因此完全不害怕對此公開表態，他說：「為了維護國家的文化福祉……任何一個接到委員會傳喚的知識分子都應該拒絕作證。」1953 年，他在給學校教師威廉・弗勞恩格拉斯的公開信如此寫道（當時弗勞恩格拉斯被美國參議院傳喚作證）：「我們堅信，讓沒有過失的公民接受這種盤問，不僅可恥，也違反憲法精神。基於這樣的堅持，我們拒絕作證。」

這席話惹惱了威斯康辛州參議員約瑟夫・麥卡錫。他持續在美國參議院舉辦聽證會。他咆哮道：「任何建議美國人隱瞞手中與間諜及破壞者相關祕密資訊的人，就是美國的敵人。」麥卡錫為了摧毀任何他不認同的人，不惜濫用參議員的權力，「紅色恐慌」因此有了一個更常見的名字——「麥卡錫主義」。

威斯康辛州參議員麥卡錫，1951 年 4 月。
照片來源：Wisconsin Historical Society (8006)

愛因斯坦不會向惡勢力低頭。他在美國是個受歡迎的人物，也知道自己的意見舉足輕重。就在三年前，非裔學者杜波依斯因為幫忙反戰團體「和平資訊中心」發送請願書而遭到起訴，愛因斯坦自願為他出庭擔任品格證人，不久後政府就做出了讓步。

1953 年，「紅色恐慌」襲擊普林斯頓。原子能委員會宣稱，歐本海默開發出終結二戰的毀滅性武器，判斷此人不可信任，因而吊銷他的安全許可證，禁止讓他接觸國家機密。但那些批判者覺得這樣還不夠，希望把歐本海默趕出高等研究院。愛因斯坦挺身為歐本海默辯

等效原理

終其一生，愛因斯坦都喜歡思考及設計邏輯謎題和玩具。他在人生最後的日子裡，用一個呈現「等效原理」的簡單玩具自娛娛人。這個玩具是他過七十歲生日時收到的禮物。你可以運用便宜的材料製作這個玩具，看看你能否解開謎題。

請準備：
◆ 細長的橡皮筋
◆ 剪刀
◆ 膠帶
◆ 撞球（或是大小差不多的重球）
◆ 捲筒衛生紙的筒心

首先，將橡皮筋剪斷，成為一長條。把橡皮筋的一端黏在撞球上。膠帶務必貼足，以免球脫落。

把橡皮筋的另一端穿過捲筒衛生紙的中空筒心，末端以膠帶貼在紙筒外側固定。將橡皮筋末端粘在紙板管的外側。固定後的橡皮筋不要有任何拉伸，在紙筒內也沒有多餘的長度。

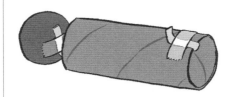

現在，手持紙筒，拿起玩具。讓球垂吊在橡皮筋末端，而不是立在紙筒口。

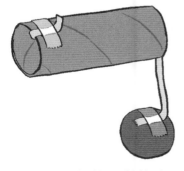

謎題如下：根據你對等效原理的理解，你要如何在不碰到球的情況下，讓球回到紙筒的末端？

解答：在舖著地毯的地方高舉玩具。放手讓玩具落下。就好像從建築物落下的人一樣，球和紙筒在落下時都「感覺」不到自己的重量，重力對橡皮筋就會失去作用。這時，原本被拉伸的橡皮筋就會回縮到原來的長度，讓球歸位到靠近紙筒末端處。

護，還說服高等研院所有成員共同簽署一份請願書。歐本海默因此保住工作，他後來稱愛因斯坦為「我所認識的人當中最好的大好人」。

愛因斯坦認為，「紅色恐慌」引發的各種不公義現象，都源自於因恐懼而陷入盲目的暴民心態。他在 1954 年如此總結他的看法：「想要成為羊群中的一員，首先你必須讓自己變成一隻羊。」

人生最後的旅程
· · · · · · · · · · · · · · · · · ·

愛因斯坦漫長而豐富的生命即將走入尾聲。他說：「我就像一輛破舊的老爺車——每個地方都有問題。但是只要我還能工作，生命依舊充滿價值。」

漢斯和他的家人在 1947 年搬到加州，在柏克萊大學教授土木工程。他覺得此時的自己與父親比以往都更加親近，他們互相寫信，內容親和融洽。愛因斯坦寫道：「我很高興有個兒子，能夠繼承我個性裡的主要特質。」

1955 年春天，愛因斯坦的老朋友貝索在日內瓦去世。愛因斯坦寫信給貝索的家人說：「他比我早一步離開這個不可思議的世界，不過這沒什麼——對於我們這些虔誠的物理學家來說，過去、現在和未來的區別，不過是一種頑固而持久的幻覺。」

1955 年 4 月 13 日，愛因斯坦昏倒在默瑟街家裡的浴室，多年的心臟問題終於壓垮了他。起初，他拒絕就醫。他對杜卡絲說：「我想在我要走的時候走，以人工方式延長壽命是多麼索然無味。我已經完成我的工作，該是走的

時候了，我會優雅的完成這件事。」然而，愛因斯坦的症狀卻變得愈來愈嚴重。瑪歌打電話給漢斯，要他即刻動身飛往普林斯頓。4 月 15 日，七十六歲的愛因斯坦被送到普林斯頓醫院。

4 月 17 日早上，愛因斯坦稍微好轉，他請杜卡絲給他眼鏡和紙筆。漢斯、瑪歌和杜卡絲陪伴在他的床側，他想要再推敲一下統一場理論。他對他們說：「要是我懂更多數學就好了。」次日凌晨 1 點 15 分，愛因斯坦醒來，用德語喃喃說了幾句話後，便進入長眠。他的腹腔主動脈破裂。此時距離他完成狹義相對論的論文，已將近五十個年頭。

愛因斯坦逝世的消息傳來，全世界各地的人紛紛獻上哀悼。數學家兼哲學家伯特蘭・羅素談到愛因斯坦這位朋友時說：「愛因斯坦不只是位偉大的科學家，更是位偉大的人。他在瀕臨戰爭的世界裡鼓吹和平，在已然瘋狂的世界裡保持清醒，在眾人狂熱的世界裡守護自由。」

按照愛因斯坦的遺願，他的骨灰撒在德拉瓦河某個自己選定的地點，確切位置只有家人知道。他將自己的小提琴送給孫子伯恩哈德。

「重要的，是永遠不要停止質疑。好奇心有其存在的道理。當我們沉思關於永恆、生命、現實世界奇妙結構的奧祕，就會忍不住驚奇讚嘆。這個奧祕，如果我們能嘗試每天領略一點點，那就已經足夠。」—— 愛因斯坦，1955 年

後記：永垂不朽的愛因斯坦

　　愛因斯坦在遺囑中表示，他不希望自己的家成為供人憑弔的博物館或聖殿，因此默瑟街 112 號直到今日依舊是私人住宅。然而，不是每一件事都依照他的遺願而行。

愛因斯坦的大腦

　　當時，愛因斯坦家人還不知道的是，負責驗屍的醫師在解剖遺體時，竟然偷偷取出愛因斯坦的大腦。托馬斯・哈維醫師表示，他這麼做是為了研究愛因斯坦的大腦，了解愛因斯坦的天才從何而來。

　　然而，哈維並沒有得到愛因斯坦家人的允許，要不是哈維的兒子幾天後在學校說溜了嘴，愛因斯坦的家人可能永遠也不會知道真相。那一天，老師問這班五年級學生最近有什麼新聞，有個女孩提到愛因斯坦的死訊，這時小哈維脫口而出：「他的大腦在我爸爸那裡。」

　　愛因斯坦的家人對此深感不滿，但是哈維告訴他們，這一切都是為了科學。事實上，哈維本人缺乏大腦研究的學養背景，他將愛因斯坦的大腦組織切片寄給任何能夠說動他的科學家，卻沒有取得任何成果。哈維最終搬到堪

薩斯州，把剩下的大腦切片收在辦公室架上的兩個大玻璃瓶罐裡。

直到 1990 年代後期，才有人對愛因斯坦的大腦進行嚴謹的研究。科學家發現他的大腦結構與一般人略有不同──他的頂葉（掌管數學與空間推理的部位）比正常人大 15%。然而，這並不足以確切說明他的天才從何而來。

愛因斯坦的家人

根據愛因斯坦的遺囑，杜卡絲和他的朋友奧圖·內森是愛因斯坦所有書信和論文的受託人。多年來，杜卡絲精心整理愛因斯坦的檔案，並致力於維護愛因斯坦的聲譽。她曾經提供幾位作者書寫關於愛因斯坦的資料，但不讓任何查閱檔案的人知道愛因斯坦和米列娃在婚前有個女兒。1981 年 12 月，就在杜卡絲去世前幾個月，愛因斯坦的論文被移交到今日的希伯來大學。

漢斯後半生都在柏克萊大學教授水利工程。他的妻子芙麗妲在 1958 年 10 月去世。一年後，漢斯再婚，娶了伊麗莎白·羅博茲。1973 年 7 月 26 日，漢斯在麻州的伍茲霍爾參加研討會時，心臟病發作不治。漢斯的兒子伯恩哈德與祖父一樣成為物理學家，於 2008 年去世。漢斯與芙麗妲的養女艾芙琳則是在 2011 年 4 月去世。

愛德華一直待在蘇黎士大學附屬精神醫療院。他在 1964 年中風，次年 10 月 25 日在蘇黎士去世。瑪歌住在默瑟街，一直到 1986 年 7 月時離世。

愛因斯坦的科學遺產

　　愛因斯坦所提出的那些革命性理論，在他離世數十年後依然屹立不搖。當他在世時，黑洞和宇宙大爆炸還只是一種理論，如今已經成為現代宇宙學的基礎。

　　美國太空總署對相對論進行一系列的詳細研究。1976 年，它發射「重力探測器 A」，以確認等效原理。這具探測器有個極其靈敏的時鐘，可以與地球上的另一個時鐘做對照。科學家分析數據後，證實了愛因斯坦關於時空在重力場中會如何變化的理論。

　　2004 年，美國太空總署發射「重力探測器 B」，進一步測量地球周圍的時空扭曲。它繞地球運行一年半，使用高精度陀螺儀進行詳細測量。結果，數據再次證實了愛因斯坦的廣義相對論。

　　還有一個能夠證實愛因斯坦理論的證據，而且在你的口袋裡就能找到。如果你的手機使用全球定位系統，那麼它的程式設定已經把時空彎曲納入考量。畢竟手機要接收來自地球上空的衛星訊號，而衛星內部時鐘的運轉速率不同於手機的時鐘。雖然兩者間的差異看起來微乎其微，但必須考慮在光速之下，即使只是非常微小的時間差，光的傳播距離也會出現很大的差距。如果沒有根據相對論進行校正，你的手機定位可能每隔一天就會多出幾公里的誤差。

　　你可能會問，難道愛因斯坦提出的所有理論，都禁得起未來研究的考驗

嗎？讀完了這本書，認識了愛因斯坦的一生，就算你不是天才，相信你也會
滿懷信心，期待未來的科學研究一定能證實愛因斯坦是對的！

重力探測器 B。照片來源：NASA Marshall Space
Flight Center Collection

重要名詞

以太 ether

F

麥克‧法拉第 Faraday, Michael
恩里科‧費米 Fermi, Enrico
核分裂 fission
亞伯拉罕‧弗萊克斯納 Flexner, Abraham
法蘭茲‧斐迪南大公 Franz Ferdinand, Archduke
法蘭茲約瑟夫一世國王 Franz Joseph, Emperor
威廉‧弗勞恩格拉斯 Frauenglass, William
埃爾溫‧弗羅因德利希 Freundlich, Erwin
亞歷山大‧弗里德曼 Friedmann, Alexander

G

銀河 galaxies
莫罕達斯‧甘地 Gandhi, Mahatma
想像實驗 Gedankenexperiment
廣義相對論 General Theory of Relativity
日耳曼大學 German University
全球定位系統 global positioning systems (GPS)
大峽谷 Grand Canyon
重力探測器 Gravity Probe
馬塞爾‧格羅斯曼 Grossmann, Marcel

H

弗里茨‧哈伯 Haber, Fritz
康拉德‧哈比希特 Habicht, Conrad
奧圖‧哈恩 Hahn, Otto
弗利德里希‧哈勒 Haller, Friedrich
沃倫‧哈丁 Harding, Warren
托馬斯‧哈維 Harvey, Thomas
維爾納‧海森堡 Heisenberg, Werner
埃米爾‧昂里奧 Henriot, Emile
長崎原子彈爆炸 Hiroshima bombing
阿爾傑‧希斯 Hiss, Alger
阿道夫‧希特勒 Hitler, Adolf
納粹大屠殺 Holocaust
埃德加‧胡佛 Hoover, J. Edgar
眾議院非美活動調查委員會 House Un-American Activities
        Committee (HUAC)
佛萊德‧霍伊爾 Hoyle, Fred
艾德溫‧哈伯 Hubble, Edwin
哈伯定律 Hubble's Law

J

猶太難民 Jewish refugees

K

威廉大帝物理學研究所 Kaiser Wilhelm Institute for Physics
魯道夫‧凱瑟 Kayser, Rudolf

探索資源

本書所有引言的相關資訊，請參閱網站：
www.chicagoreviewpress.com/educationalresources.

◈ 延伸閱讀

Calaprice, Alice. *The Einstein Almanac*. Baltimore, MD: Johns Hopkins University Press, 2005.

Calaprice, Alice (ed.). *The Ultimate Quotable Einstein*. Princeton, NJ: Princeton University Press, 2011.

Delano, Marfe Ferguson. *Genius: A Photobiography of Albert Einstein*. Washington, DC: National Geographic Society, 2008.

Einstein, Albert. *Relativity: The Special and General Theory*. New York: Plume, 2006.

Gardner, Martin. *Relativity Simply Explained*. Mineola, NY: Dover, 1997.

Isaacson, Walter. *Einstein: The Life of a Genius*. New York: Collins Design, 2009.

Wishinsky, Frieda. *Albert Einstein*. New York: DK Publishing, 2005.

Yeats, Tabatha. *Albert Einstein: The Miracle Mind*. New York: Sterling, 2007.

◈ 網站與景點

有些網站中的文字為德語，你可以點選「英語版」網頁進行閱讀。

愛因斯坦博物館

Helvetiaplatz 5

CH-3005 Bern

Switzerland

www.bhm.ch/en/exhibitions/einstein-museum

這是全球唯一一座以愛因斯坦的人生和他的科學遺產為專題的博物館。在這裡，你可以看到來自愛因斯坦家族和瑞士專利局的收藏品。

愛因斯坦在瑞士伯恩的家

Kramgasse 49

Postfach 638

3000 Bern

Switzerland

www.einstein-bern.ch

1903 到 1905 年間，愛因斯坦與米列娃住在伯恩的這間公寓裡。他們的兒子漢斯在此出生；愛因斯坦在前廳寫下他的「奇蹟之年」論文。這間公寓現在由愛因斯坦學會管理，並修復成 1905 年的樣貌。

愛因斯坦在卡普斯的避暑小屋

Am Waldram 15-17

14548 Caputh

Germany

www.einsteinsommerhaus.de

希特勒在德國掌權時，愛因斯坦被迫放棄這間在柏林郊外的小屋。今日，它開放給特定訪客預約參觀。

愛因斯坦紀念像

美國國家科學院大樓（National Academy of Sciences Building）

2101 Constitution Avenue, NW

Washington, DC 20418

www.nasonline.org/about-nas/visiting-nas/nas-building/the-einstein-memorial.html

羅伯特‧柏克斯創作的這座愛因斯坦巨型雕像在 1979 年揭幕。它位於越戰紀念碑北側，在國家科學院的院區裡。

威爾遜山天文臺（**Mount Wilson Observatory**）

466 Foothill Blvd, #327

La Canada, CA 91011

www.mtwilson.edu

位於加州帕薩迪納的高山裡，哈伯就是在這裡研究宇宙。愛因斯坦只要來到加州就會造訪這裡。每年 4 月到 11 月期間有專人導覽。

布拉德伯里科學博物館（**Bradbury Science Museum**）

洛斯阿拉莫斯國家實驗室（Los Alamos National Laboratory）

Mail Stop C330

Los Alamos, NM 87545

www.lanl.gov/museum/index.shtml

愛因斯坦沒有直接參與曼哈頓計畫，但他在美國大部分的科學家同事都有參與。這座博物館的主題就是探索這群科學家的工作。

愛因斯坦典藏檔案館（**Albert Einstein Archives**）

耶路撒冷希伯來大學（Hebrew University of Jerusalem）

www.albert-einstein.org

愛因斯坦所有個人文件都收藏在耶路撒冷希伯來大學的愛因斯坦典藏檔案館。雖然館內不對一般大眾開放，但是館方歡迎訪客造訪網站瀏覽這些文件。

高等研究院（Institute for Advanced Study）

Executive Drive

Princeton, NJ 08540

www.ias.edu/people/einstein

愛因斯坦人生的最後二十年是在高等研究院工作。雖然目前不對訪客開放，但你可以在網站中，閱讀愛因斯坦在研究院早期所扮演的角色與歷史。

美國物理聯合會歷史與物理學中心（AIP Center for History and Physics）

www.aip.org/history/einstein

由美國物理聯合會（American Institute for Physics）為愛因斯坦架設的專屬回憶網站。你可以在這裡看到愛因斯坦家族照片，讀到他個人與和別人往來的信件，還可以找到其他相關的參考資源連結。

美國自然歷史博物館（American Museum of Natural History）

www.amnh.org/exhibitions/einstein

這座博物館曾在 2003 年舉辦愛因斯坦特展，雖然展覽結束了，不過你可以從線上展覽讀到部分內容，內容非常精采有趣！

國家圖書館出版品預行編目（CIP）資料

跟大師學創造力.7：愛因斯坦與相對論+21個科學練習 / 傑若米.波倫
(Jerome Pohlen) 作；周宜芳譯.-- 初版.-- 新北市：字畝文化創意有限公司出
版：遠足文化事業股份有限公司發行, 2022.10
184 面；24×19 公分
譯自：Albert Einstein and relativity for kids : his life and ideas with 21 activities
and thought experiments
ISBN 978-626-7069-81-3（平裝）
1.CST: 愛因斯坦 (Einstein, Albert, 1879-1955) 2.CST: 傳記 3.CST: 物理學
4.CST: 通俗作品
785.28　　　　　　　　　　　　　　　　　　　　　　　111008269

STEAM012
跟大師學創造力7：愛因斯坦與相對論+21個科學練習

作者／傑若米‧波倫 Jerome Pohlen　譯者／周宜芳　審定／簡麗賢

字畝文化創意有限公司
社長／馮季眉　編輯／戴鈺娟、陳心方、巫佳蓮　特約編輯／黃麗瑾
封面設計及繪圖／Bianco Tsai　美術設計及排版／菩薩蠻電腦科技有限公司

讀書共和國出版集團
社長／郭重興　發行人兼出版總監／曾大福 業務平臺總經理／李雪麗　業務平臺副總經理／李復民
實體通路協理／林詩富　網路暨海外通路協理／張鑫峰　特販通路協理／陳綺瑩
印務協理／江域平　印務主任／李孟儒

出版／字畝文化創意有限公司　發行／遠足文化事業股份有限公司
地址／231 新北市新店區民權路108-2號9樓　電話／(02)2218-1417　傳真／(02)8667-1065
電子信箱／service@bookrep.com.tw　網址／www.bookrep.com.tw

法律顧問／華洋法律事務所　蘇文生律師　印製／中原造像股份有限公司

2022年10月　初版一刷
定價：380元　書號：XBST0012　ISBN：978-626-7069-81-3
EISBN：9786267200278(PDF)　9786267200285(EPUB)